KB075825

**지은이**

야스토미 아유미

1963년에 태어나 교토대 경제학부와 석사 과정을 마친 뒤
스미토모 은행에서 근무했다. 동 대학 인문과학연구소 연구교수,
나고야대 정보문화학부 조교수, 도쿄대학교 대학원
종합문화연구소 정보학 교환교수를 거쳐 현재 도쿄대
동양문화연구소 교수로 재직하고 있다.
저자는 과학, 종교, 정치, 예술을 아우르는 폭넓은 시선과 지적
상상력을 토대로 현대 경제학을 정조준한다. 당연하다고 여기는
것들에 경종을 울리며, 현실적 문제를 야기하는 보이지 않는 규칙과
구조에 관심을 갖고 연구를 이어가고 있다.
저서로『단단한 삶』,『이상한 나라의 엘리트』,『누가 어린왕자를
죽였는가』,『위험한 논어』등이 있다.


**옮긴이**

박동섭

독립 연구자.
'○○ 연구자'라는 제도화된 정체성으로 살아가는 일의 한계를
실감하며 '정체성 상실형 인간'으로 살고 공부하는 실험을
계속하고 있다. 한국 사회에서 제대로 소화하지 못하는
비고츠키를 연구하며 대중도 이해할 수 있는 언어로 설명하고
알리고자 애쓰고 있다.『우치다 선생에게 배우는 법』,『동사로
살다』,『레프 비고츠키』,『해럴드 가핑클』,『회화분석』,
『상황인지』,『우치다 타츠루』(근간)를 썼고,『배움엔 끝이 없다』,
『우치다 선생이 읽는 법』,『단단한 삶』,『수학하는 신체』,
『스승은 있다』,『망설임의 윤리학』등을 우리말로 옮겼다.

단단한 경제학 공부

# 단단한 경제학 공부

## '선택의 자유'에서 벗어나기 위하여

야스토미 아유미 지음 ➡ 박동섭 옮김 ➡

## 한국의 독자들에게

2015년에 한국의 어느 출판사로부터 이 책을 번역하고 싶다는 제안을 받고 매우 기뻤다. 그런데 아무리 기다려도 번역이 끝났다는 소식은 들리지 않았고 결국 2020년 3월이 되어 한국어판의 출판을 단념한다는 취지의 편지를 받았다. 거기에는 다음과 같은 사정이 써 있었다.

당사는 모 대학의 경제학부 교수와 번역 계약을 맺어 책을 출간할 예정이었습니다. 그러나 계약한 번역자가 본업인 교직의 일로 계속 바빠서 번역 작업이 좀처럼 진행되지 않았습니다. 그리고 2016년부터는 일 년간 외국의 대학에 교환 교수로 가게 되었는데, 그곳에서 번역을 완료하겠다고 약속을 하였습니다만 그 약속도 지켜지지 않았습니다. 그리고 2017년에 한국으로 다시 돌아온 후에도 이런저런 사정으로 번역을 진행하지 못한 것 같습니다.

당사는 그때마다 번역자에게 작업의 진행 정도를 확인하였는데 매번 "거의 완성이 되었으니 조금만 더 기다려 달라"는 대답을 들었기에 그때마다 일말의 기대를 품고 기다렸습니다. 그리고 이 책의 저작권 계약 종료 시점이 점점 다가오면서 당사는 저작권 재계약을 해서라도 번역자에게 번역을 마치게 해 출판하는 방향으로 검토하고 있었습니다만, 앞으로 얼마큼 번역 작업 시간이 더 필요한지 도저히 가늠할 수 없습니다. 또한, 이 책은 경제학 전문 지식을 가진 번역자가 아니면 번역의 질이 떨어질 것이므로 적임자를 찾기도 쉽지 않으니 이 책의 한국어판 출간을 포기하기로 최종 결정하였습니다.

이 편지를 읽고 나는 "그런 무모한 짓을……!" 하고 외치고 말았다. 무엇이 무모한가 하면 이 책을 경제학 전공의 대학교수에게 번역을 맡기려고 했다는 지점이다. 그런

얼토당토않은 짓을 해서는 안 된다고 생각하는데, 왜냐하면 이 책은 경제학에서 사고의 틀이 어디가 어떻게 뒤틀어져 있는지를 상세하게 논하고 있기 때문이다. 그것은 마치 "상대방의 어디가 어떻게 미쳐 있는지"를 상세하게 쓴 편지를 당사자에게 보내서 그것을 완전히 이해하라고 재촉하는 것과 같다. 그것은 그 사람이 싫어할 말을 굳이 그 사람에게 하겠다는 것밖에 되지 않는다. 그런 연유로 이런 책의 번역을 무심코 맡게 되었던 그 선생을 깊이 동정하며, 나는 곧바로 박동섭 선생에게 연락을 해 이 책을 대신 번역해 줄 것을 부탁했다.

　　박동섭 선생은 이미 『단단한 삶』(유유, 2018)의 번역 작업 경험이 있으며, 그의 전공 분야인 심리학뿐만 아니라 사회학과 철학, 문학 등의 학문 전반은 물론이고 언어, 생명 등 다양한 소재와 폭넓은 분야까지 깊은 이해를 하고 있는 학자이기 때문이다. 게다가 여러 분야를 종횡무진으로 가로지르는 자유롭고 비판적인 지식인이어서 이 책을 번역해 줄 '적임자'임에 틀림없다고 생각했다. 박동섭 선생에게 번역을 부탁하니 "편지의 마지막 부분이 이상하군요. 경제학 전공이 아니면 번역이 어려울 것이라기보다 그 반대가 아닐까요. 경제학이라는 문어 통발에 갇혀 있으면 오히려 이 책의 번역이 어렵겠다는 생각이 듭니다"라는 정곡을 찌르는 답변과 함께 선뜻 번역을 맡아 주셨다.

이 책에 관한 사정은 '전문 지식'이라는 것이 가진 인식 장애의 무서움을 여실히 보여 준다. 전문 지식은 그 분야에서 나름의 사고장애를 감수하지 않으면 이해할 수 없다. 그러므로 전문 지식을 이해한 상태에서는 비판적으로 파악하는 것이 매우 어렵다. 나는 이 장애를 극복하고 인식하고 이해하는 데 20년 이상 걸리고 말았다. 이 책은 그런 고군분투의 보고서다.

근대는 다름 아닌 '전문가'의 시대라서 실령 인식 장애가 있었다고 하더라도 그렇게 해서 형성된 전문 분야와 전문 지식 등이 새로운 지평을 열어 왔다고 할 수 있다. 하지만 20세기 후반에는 이러한 이득보다는 장애가 더 많아졌다고 나는 생각한다.

현대 사회는 전문가가 온통 둘러쳐 놓은 그물에 우리 모두 곤란을 겪고 있으며 심지어 꼼짝도 못 하게 되었다고까지 말할 수 있다. 이러한 종류의 인식 장애를 '전문가'만 가지게 된 것이 아니기 때문이다. 예를 들면 '선택의 자유'라는 개념은 적어도 일본 사회에서는 모든 분야에 영향을 미치며 사람들의 사고가 이상하게 작동하도록 만들어 버렸다. 일본인은 '입장'이라는 개념에 속박 당해서 '입장'을 지키기 위한 '역할'을 맡기에 급급한 삶을 살고 있으며, 공적인 공간은 정치든 경제든 윤리든 법률이든 서구풍의 '선택의 자유'를 기초로 해서 구성되어 있다.

이리하여 '입장'과 '선택'의 이중사고가 만연해서 세상일에 제대로 대처할 수 없게 되었다. 작금의 코로나19 바이러스에 대한 대응은 동아시아 여러 나라 중에서 일본이 최악이다. 나는 이와 같은 사태 또한 이 이중사고로 인한 심각한 사고력의 상실이 반영되었기 때문이라고 생각한다.

한국 사회는 일본과는 다른 개념에 얽매여 있다고 생각하는데 그럼에도 공적 공간이 서구풍의 '선택의 자유'를 기초로 한다는 점은 동일할 것이다. 그러므로 일본과는 또 다른 이중사고로 한국 또한 혼란을 겪고 있다고 추측한다. 따라서 한국의 독자에게도 이 책에서 이루어진 논의가 필시 도움이 될 것으로 생각하며, 이 책을 출발점으로 누군가가 한국 사회의 이중사고에 관해서도 연구해 주기를 기대한다.

그리고 서구와는 다른 역사와 문화를 가진 동아시아 지식인은 '선택의 자유', '근대적'이라는 등의 말이 서구 사회의 '민속 용어'Ethno-term에 지나지 않음을 직시해야 한다. 또한 더 나아가 미신투성이인 여러 개념을 상대화하고 그 해악을 넘어서서 보다 일반적이고 보편적인 지식을 구축할 책무를 지고 있다고 생각한다.

그것이야말로 핵무기와 환경 파괴와 민족 분쟁과 아동 학대 같은 현대 사회의 어둠을 극복하고, 평화롭고 윤택하고 안정된 사회를 구축하기 위해 반드시 필요한 길이라고 생각한다. 이 책을 읽으신 한국의 독자 여러분과 함께 그 길을 걸을 수 있기를 갈망하고 있다.

2021년 4월
야스토미 아유미

들어가는 말
: 시장의 정체 — 시조에서 이치바로

### 두 개의 '시장'

일본어로는 '시장'市場이라고 쓰고 이것을 '이치바'いちば라고 읽는 경우와 '시조'しじょう라고 읽는 경우가 있다. 두 단어는 똑같은 한자를 사용하지만 의미는 다르다. 경제학자인 마미야 요스케는 자신의 저서 『시장사회의 사상사』 서문에서 '이치바'와 '시조'의 차이를 언급하면서 '이치바'가 구체적인 장소를 가리킨다면, '시조'는 추상적이라 '장소성'이 희박하다며 다음과 같이 주장하였다.

경제학이라는 학문이 탄생한 것은 눈에 보이는 시장(이

치바)의 배후에 눈에 보이지 않는 시장(시조)의 구조와
발생 경위를 체계적으로 고찰하기 시작하면서부터다.
—마미야 요스케,『시장사회의 사상사』

　　이러한 형태로 시조를 고찰한 최초의 인물이 경제학
의 아버지에 해당하는 애덤 스미스라고 한다. 현대에는 현
실 세계에서조차 시장이 계속 '장소성'을 잃는 듯하다. 내
가 아이였을 때는 집 근처에 생선 가게, 양품점, 꽃집, 두부
가게, 튀김집, 과일 가게, 야채 가게 등이 좁은 골목의 양옆
으로 빽빽하게 들어서 있어서 물건을 사고파는 일이 왁자
지껄하게 이루어졌다. 물건을 사며 이야기를 나누는 것이
당연한 일이었다. 이것은 다이쇼 시대부터 쇼와 시대 초기
(1920년대)에 걸쳐 정책적으로 전국에 만들어진 '공설 시
장'이었다. 그런데 이러한 형태의 시장은 현재 급속도로
감소했다. 그 대신에 어디에 존재하는지도 모호한 인터넷
상의 시장이 꾸준히 날로 번창했다.

　　그렇다고는 하지만 현재 도쿄의 거리에 아직도 이러
한 공설 시장이 드물게 남아 있는 곳이 있다. 거기에 가 보
면 옛날 분위기도 그대로 남아 있는 데다 1970년대 가격
으로 파는 물건도 있다. 하지만 이런 시설은 '이치바'이지

'시조'는 아니다.

이러한 소규모의 '이치바'뿐만 아니라 도쿄 명소 중 하나인 '쓰키지'*를 생각해 봐도 좋다. 쓰키지는 결코 비효율적이고 전근대적인 이치바가 아니다. 그곳은 수산물 시장 중에서도 압도적인 규모를 자랑하는 세계 최대의 거대한 매매장이다. 쓰키지가 생업의 터전인 것을 자랑으로 여기는 많은 상인의 인간관계 위에 구축된 정묘한 관행과 제도로 운영되고 있다.

미국 인류학자인 테오도르 베스터는 17년 동안 쓰키지에서 집중적으로 현장을 조사하여 그 운영이 일본 사회의 특성과 밀접하게 연결된 형태로, 매우 공정하고 효율적으로 이루어지고 있음을 실증하였다.

"쓰키지에서 이루어지는 경매는 전광석화의 속도로 진행된다. 걸걸하게 쉰 목소리로 외치는 경매인의 고함과 속

---

★ 쓰키지 시장築地市場. 일본 도쿄도 주오구 쓰키지에 위치한 수산물 전문 공설 도매 시장으로 에도 시대부터 도쿄 지역의 식품이 거래되는 시장이었다. 1923년부터 니혼바시 어시장으로 이름을 달고 시작하려고 했으나 관동 대지진의 여파로 파괴된 뒤 1935년에 현재의 위치에서 다시 개설됐다. 2018년 '도요스 시장'으로 이전이 결정되어 83년 역사의 막을 내리고 현재는 쓰키지 장외 시장(소매 시장)만 남아 영업을 계속하고 있다. 약 23헥타르의 면적에 8개소의 도매업체와 약 1,000여 곳의 중개 업체들이 수산물을 경매 처분하는 규모로, 2005년 기준으로 하루에 약 2,167톤의 수산물과 1,170톤의 청과물이 거래되며 매출 수익이 약 5,657억 엔(약 6조 원)에 달하는 세계 최대 규모의 수산 시장이다.(옮긴이 주)

내를 드러내지 않는 구매인의 무언의 손짓으로 경매는 비밀리에 진행된다. 그들은 그 고함 소리로 불과 1, 2분 만에 한 다스짜리 물건을 거래하는데, 아마추어의 눈으로는 어느 물건을 누가 얼마에 낙찰 받았는지 모를 정도로 빠른 속도이다. 급작스럽게 튀어나오는 은어, 애매모호한 손놀림, 너무 재빨라서 무슨 의미인지 알 수도 없는 몸짓. 그 모든 것이 판매 호가와 구매 호가를 나타내며 거래는 순식간에 종료된다. (……) 하루의 경매가 끝나는 오전 7시나 7시 반까지 무게로 따지자면 230만 킬로그램, 금액으로는 약 21억 엔(약 215억 원) 상당의 수산물이 '경합 입찰'이라는 방법으로 팔려 나간다."

—테오도르 베스터, 『쓰키지』

쓰키지는 17세기 초기에 만들어져서 관동 대지진으로 파괴된 니혼바시 어시장의 전통을 계승하는 존재이다. "시장 사람들은 자신들이 지난날 도쿄 변두리 조닌(도시 상인)의 전통을 이어받은 존재라는 데 자부심이 있다. (……) 장인, 잡역꾼, 가족, 친구, 고객을 연결하는 개방적인 마음의 끈 그리고 소규모 가족 기업을 중심으로 돌아간다. 집과 일터가 같다고 봐도 되고, 거기에서는 종종 남자

뿐 아니라 여자도 혈연관계와 생산 행위에 관해서 사회적, 경제적인 교섭을 하는 번잡한 일을 완수하였다"*라는 의미에서 쓰키지 시장은 '쓰키지 시조'로 불리고 있지만 엄밀하게는 '시조'가 아니라 '이치바'다.

### 이치바로서의 외환 시장

한편 신문이나 TV에 보도되듯 은행끼리는 매일같이 외국환 거래가 이뤄지며 엔화와 외화의 환율이 시시각각 정해진다. 이런 것을 '외국환 시장'이라고 하는데 여기에서 시장은 '이치바'가 아니라 '시조'라고 읽는 것이 일반적이다. 외국환 시장과 같은 근대적 가격 결정 기구는 확실히 경제학 교재에서 말하는 '시장'의 대표 격으로 봐도 좋을 듯하다.

그런데 외국환 시조의 실정을 살짝만 살펴봐서는 쓰키지와 얼마나 다른지 바로 알 수 없다. 외국환 매매는 일본 곳곳에 있는 많은 은행이 고객을 위해 진행한 매매를 한데 모아 그것을 추렴해서 은행끼리 이루어진다. 은행 간의 매매는 지역에 따라서 방식이 다르다. 유럽 여러 나라에서는 거래소를 만들어 한곳에서 진행하는 경우가 많

---

* 테오도르 베스터, 『쓰키지』.

다. 도쿄나 런던, 뉴욕 등은 특정한 거래소를 두지 않고 중개인을 통하든지 혹은 은행끼리 직접 매매하는 방식을 취한다.

　누구를 거래 상대로 인정하는가, 어떠한 방식으로 매매하는가, 어떻게 결제하는가 등등은 임의로 하는 것이 아니라 복잡한 관행과 제도에 따른다. 그리고 이 관행과 제도는 오랜 역사 속에서 문화적 경위에 따라 생성된 것이다.

　그러면 도쿄 외국환 시장의 구체적인 거래는 어떻게 이루어지고 있는가. 한 도쿄의 중개인이 인터넷에 게시한 영상을 보면 좁은 방에서 사람들이 빙 둘러앉아서 손짓, 발짓을 섞어 "97회 17개, 97회 17개"와 같은 주문을 연호하는 장면이 나온다. 설명에 의하면 이 주문은 "129엔 7전으로 1,700만 달러를 산다는 주문이 들어왔다"는 의미인 것 같다. 이렇게 은어로 환을 매매하는 모습은 쓰키지의 경매와 그다지 달라 보이지 않는다. 그렇다고 한다면 이것 또한 외국환 '이치바'로 보인다.

## 너무나도 인간적인 부동산 버블?

'시조'라는 말에는 다른 용법도 있다. 예를 들면 '일본 금융 비즈니스의 시장 규모'라는 말을 생각해 보기로 하자. 이때 '시장'은 '시조'라고 읽는다. 어느 기업에서 신상품 기획을 할 때 상사가 부하에게 "이 상품의 예상 시장 규모를 보고하라"고 명령하며 '이치바' 규모라고 말하면 뒤에서 비웃음을 산다. 그러나 그 '시조' 규모를 형성하는 금융 비즈니스의 현장이 어떤 곳인가를 보면 추상적인 경제인이 등장할 여지 같은 건 전혀 없는, 그야말로 살아 있는 사람의 세상이다.

나는 대학 졸업 후 은행원으로 2년 반 정도 일한 경험이 있다. 처음에는 현금, 어음, 서류 등의 물자 운반을 위한 단순 노동 인력으로 투입되었고 다음에는 예금과 환어음 관련한 잡일을 했다. 그 후에 외환과 융자 관련 사무를 보고 마지막으로 영업으로 넘어가는 것이 신입 은행원이 밟아야 하는 2, 3년 동안의 숙명이었다.

영업 사원이 되면 매월 얼마의 정기예금 실적을 올리라는 할당을 받는다. 돈이 있을 만한 곳에 접대용 미소를 지으며 매일 간청하러 가거나 이런저런 고객의 편의를 봐주고 그 답례로 저축 상품에 가입해 주길 부탁하거나, 혹은 정기예금을 해약하려는 손님에게는 "어떻게든 해약은 말아 주세요. 다른 은행의 돈을 찾으면 안 될까요"라고 달려가 읍소하는 등등. 실로 딱한 나날이었다. 그렇게 의리와 인정에 호소해 거래가 이뤄지는 세계는 어느 모로 보나 '이치바'이지 '시조'는 아니다.

　　그리고 나는 인간의 커뮤니케이션 양상이 경제 활동에 직접 큰 영향을 미치는 상황에 휩쓸리게 되었다. 이른바 '버블'(거품 경제)이 생기는 과정에 신입 은행원으로 개입하게 된 것이다. 당시 금융 자유화를 목전에 두고 은행 경영자들은 공연히 겁을 먹고선 근거도 없이 폭발적으로 경영 규모를 키워 큰 이익을 올리지 않으면 사업을 할 수 없다는 기묘한 억측에 사로잡혔다. 그들은 우리 일반 은행원에게 종래의 몇 배나 되는, 달성 불가능한 수준의 할당량을 강요해 현장의 커뮤니케이션을 질식시켰다. 내가 일하던 은행은 원래 군대처럼 부조리한 회사로 유명했는데, 이 도를 넘은 부당한 요구는 비인간적 측면을 일거에 확대했다. 이 부당한 과업의 실현을 위해 짜낸 아이디어란 것이, 무모한 부동산 융자로 토지의 가격을 올리고 그 올린 가격의 토지를 담보로 융자한다는 어리석은 수법이었다.

　　은행원은 과로사할 정도의 격무 속에서 토지를 가진

사람들을 설득해 이 게임에 끌어들이고 그것을 위해 필요한 자금을 대출 받도록 해야 했기에 그 안전성을 '입증'하기 위한 자료를 날조하고 막대한 서류를 처리하는 등의 엄청난 작업을 연거푸 수행하였다.

그 결과 어떻게 되었을까. 경영자는 처음부터 알고 있었던 것이 틀림없다. 은행 기숙사에서 늦은 저녁을 먹으며 입사 2년 차이던 내가 입사 3년 차 선배에게 "이러다 어떻게 되는 걸까요?"라고 묻자 "머지않아 주택담보대출 보증회사가 전부 파산하겠지"라고 대답했다. 완전 애송이인 두 사람도 일이 어떻게 진행될지 이처럼 정확하게 예측할 정도였으니 오랜 경험과 전문 지식이 있는 은행 경영자는 자신들이 하는 일의 의미를 알고 있었을 것이 틀림없다.

그럼에도 자기기만을 하며 모른 척하고 말도 안 되는 경영을 해 나갔을 것이다. 이 커뮤니케이션상의 병리가 일본의 운명을 기울게 하고 오늘날까지도 치유할 수 없는 상처를 남긴 부동산 버블(거품경제)을 만들어 냈다. 그것은 추상적인 수요 곡선과 공급 곡선의 만남에서는 절대 나오지 않는 지극히 '인간적'인 악행이며 그런 의미에서 '이치바'적인 현상이었다.

## 인터넷상의 이치바

공간성을 갖지 않고 추상성이 높아 보이는 인터넷 시장만 해도 실제로 추상적인 수요와 공급이 만나는 장소라고 말하기는 어렵다. 판매자는 고객의 관심을 끌고 신뢰를 얻으려 홈페이지를 통해 다양한 노력을 기울인다. 곧잘 눈에 띄는 것이 점주의 프로필 소개와 나날의 기록이다. 거기에는 그들이 공급하는 상품과는 관계가 없는 정보가 많이 제시되어 있다. 예를 들면 개 사료를 수입해 판매하는 인터넷 쇼핑몰 운영자가 은행원 출신의 열렬한 애견가라는 식의 홍보는 그런대로 판매와 관련이 있다. 그렇지만 그가 아는 개를 위해 수제 비스킷을 구워 선물하는 색다른 취미가 있다는 것을 알린다고 해서 그게 판매와 무슨 상관이 있을까 싶다.

혹은 고급 은 제품을 수입해 판매하는 인터넷 쇼핑몰 운영자가 유럽에 사는 주부라는 정보는 그런대로 관련이 있다. 그러나 그 여성이 주쯔칭이라는, 전문가나 알 법한 중화민국 시대에 활약했던 문학자에 관심이 있다는 정보는 판매하는 은 제품과는 거의 관련이 없다.

나아가 수공으로 깃털 이불을 제작하는 공장의 사이트 운영자가 너무 바빠서 외출도 거의 못 하다가 모처럼 시간이 나서 공들여 화장을 했더니 어린 자녀가 "마쓰켄 삼바* 같아"라고 했다는 정보도 입수할 수 있다. 이 역시 이불 구매에는 전혀 필요 없을 정보다.

　하지만 인터넷 시장에는 이러한 정보가 범람한다. 종래의 장소성을 가진 시장(이치바)보다 훨씬 더 '인간적인 요소'를 앞세운다고 할 만하다. 시장처럼 사람이 직접 대면해서 판매하는 것이 아니면, 그 사이트 운영자의 됨됨이 등이 잘 전해지도록 할 필요성이 더 절실해지는 것 같다. 그렇다면 이 또한 '인터넷 시조'라기보다 '인터넷 이치바'라고 해야 할지도 모른다.


### 이치바의 경제 이론

그런데 경제학 서적에 살아 있는 '이치바'가 등장하는 경우는 거의 없다. 애당초 '이치바'라는 말조차 사용되지 않는다. '이치바 자동조절기구'라든지 '이치바 가격'이라든지 '이치바 균형'과 같은 말은 경제학 용어가 아니다.

　나는 최근 여러 명의 고명한 경제학자가 '공설 시장'을 '고세쓰 시조'라고 오독하는 것을 목격하였다. 그 자리에는 기백 있고 날카로운 경제학자가 스무 명 가깝게 있었

---

* 일본 배우 '마쓰다이라 켄'의 이명이다. 동명의 노래 제목이기도 한데, 일본 전통 화장을 하고 번쩍이는 의상을 입고 삼바를 추며 노래를 부르는 특이한 무대 매너와 단순한 가사, 중독성 강한 리듬으로 2000년대 초반 일본 전역에서 선풍적인 인기를 끌었다.(옮긴이 주)

지만 그것이 오독이라고 자각한 사람은 한 사람도 없는 것처럼 보였다. 즉 경제학은 '이치바'에 관한 학문이 아니라 추상적인 '시조'에 관한 학문이다. 나 자신도 대학에서 경제학을 공부한 이래 쭉 이 관습을 따라왔다. 그리고 경제학의 문외한이 실수로 '시장(이치바) 가격'이라고 말하면 비웃었다.

그러나 최근 몇 년간 나는 이 생각이 잘못된 것은 아닌가, 아니 설령 틀린 말은 아니라도 '시조'만 생각하고 '이치바'를 생각하지 않는다면 큰 문제를 간과하는 것이 아닌가 하는 생각을 하게 되었다. 그래서 먼저, 나는 '시조'라고 부르던 것을 그만두었다. 처음에는 찝찝했지만 최근에는 익숙해져서 아무렇지도 않게 '외국환 이치바' 같은 말을 쓰게 되었다.

그렇게 하다 보니 나는 '시조'라는 추상적인 개념의 베일에 덮여 보이지 않는 것들이 실로 많음을 깨달았다. 그래서 이 책에서는 그 베일의 정체를 밝힘과 동시에 그것을 벗겨 낸 후의 생생한 세계에 관해서 의미 있는 사고를 전개하기 위한 방법을 독자와 함께 생각하고자 한다.

이 책이 목표로 하는 것은 '이치바'에 관한 '시장 경제론'이다. 그것은 추상적인 수요 곡선과 공급 곡선이 교차

하거나 추상적인 경제인이 최적이라거나 추상적인 경매인이 가격 결정을 하는 세계에 관한 이야기가 아니다. 구체적인, 살아 있는 인간이 커뮤니케이션을 전개하는 가운데 현실에서 물리적인 물질과 에너지의 들어가고 나감을 만들어 내는 장면에 관한 고찰이다. 이러한 커뮤니케이션 속에서 처리 불가능할 것이 분명한 방대한 셈이 쉽게 실현되는 기적이 펼쳐지는 현실의 이치바에 관한 고찰이다.

단, 이 책은 그 논의의 많은 부분을 현재의 시장 경제 이론의 문제점을 분명히 하고 그 원인을 물어 거기에서 벗어나려는 시도에 할애할 생각이다. 구체적으로 이치바를 논의할 때 '경제'라는 것에 관한 사고 전개를 위해 토대가 되는 개념이나 용어를 그대로 가져와서는 한 발자국도 내디딜 수가 없기 때문이다. 그러한 시도를 하면 순식간에 끝없는 수렁에 빠지고 만다.

예를 들어 앞에서 언급한 베스터의 '쓰키지'에 관한 책은 읽어 보면 재미있고 인간 사회의 제도에 관한 생각을 할 때 몇 가지 시사점을 제공하는 좋은 책이긴 하지만 다양하고 흥미로운 사실의 밀림에서 헤매고 있다는 인상을 준다. 이 저자에게는 경제라는 것의 본질을 명석한 말로 이해하고 탐구할 수 있는 기반을 제공하겠다는 의욕이 애당초 없다.

영어의 '마켓'market이라는 말은 원래 구체적인 장소성이 있는 이치바와 추상적인 '시조' 양쪽의 의미를 모두 가지고 있다.* 그런데 베스터는 일부러 '마켓'과 '마켓플레이스'marketplace를 구별해서 보여 준다. 전자는 추상적인 경제 제도와 프로세스를 의미하고, 후자는 그것이 한곳에 모여서 구체적인 행위로서 실현되는 상태를 가리킨다. 요컨대 전자는 시조, 후자는 이치바의 의미다.

베스터와 같은 이러한 관점은 추상적인 '마켓'을 경제학에 내주는 대신 구체적인 '마겟플레이스'를 인류학의 영토로 선언한다는 의미가 있다. 확실히 이렇게 하면 경제학자를 격노케 하는 일 없이 안전하게 시장에 관한 인류학적 조사 보고서를 쓸 수 있다. 실제『쓰키지』에서는 산발적인 경제 이론에 대한 언급은 있어도 경제의 본질을 파고드는 논의는 찾아볼 수 없다.

이 책은 어디까지나 인류학적인 보고서이므로 극단적으로 표현하자면 아주 정밀한 조사에 기초해서 쓰인 관광 가이드 혹은 여행기다. 그것은 물론 이 책만의 결점이

---

★ '시장'은 프랑스어로는 '마르셰'marché이고 독일어로는 '마르크트'Markt인데 둘 다 '이치바'와 '시조' 두 가지 의미 모두를 갖고 있다. 이것은 일본어와 '시장'市場이라는 같은 한자를 사용하는 중국어도 마찬가지로 '스창'이라는 하나의 표현만 존재한다. 이는 일본어 이외의 언어에서는 대략 모두 '이치바'로 밀고 나간다는 뜻이다. 그렇지만 그러한 나라들의 경제학도 일본과 마찬가지로 '이치바'가 아니라 '시조'에 관한 학문이다.

아니다. 『쓰키지』가 인류학자 사이에서 매우 높게 평가
되고 있는 것에서 알 수 있듯이 그것은 인류학 전체의 문
제다.

'시조'와 '이치바'를 구별해서 전자에 집중하면 경제
학자가 빠진 덫이 기다리고 있고 후자에 집중하면 인류학
자의 잘못된 전철을 밟게 된다. 아무래도 '시조'와 '이치바'
양자를 분리하지 않고 종합적으로 생각하기 위한 개념적
기반 구축이 필요하다.


### 시장이란 무엇인가?

시장이란 무엇인가? 이 복잡한 경제 현상의 폭풍 속을 스
스로 살아남을 수 있도록 이 물음에 관해 제대로 된 사고
를 하려면 경제학 개념의 중심에 맨발로 디딜 각오가 필요
하다. 따라서 나는 구체적인 '이치바'를 논하기 위해 일단
은 추상적인 '시조' 개념 문제를 다루는, 간접적인 접근 방
식을 선택할 것이다. 이 책을 통해 현재의 경제학이 안고
있는 인식의 결함이 무엇인지 밝히고 그것을 극복하기 위
한 작업을 하는 것은 이상과 같은 이유에서다.

그렇다고 해도 그것이 구체적인 현상에 뛰어들기 위

한 '도움닫기' 정도에 머무는 것은 아니다. 경제학의 근거 없는 확신은 우리가 매일을 살아가는 데 '의존'하는 억측과 동질의 것이기 때문이다. 내가 지적하고자 하는 것은 우리가 '의존'하고 있다고 믿는 것이 실은 '속박'이고 '족쇄'이므로 우리가 살아가는 데 걸림돌이 되고 있다는 점이다. 이 책에 '살기 위한 경제학'(일본어 원서의 제목)이라고 제목을 붙인 것은 그 때문이다.

이 책은 다음과 같이 구성되어 있다.

제1장에서는 현대의 시장 경제 이론의 비과학성을 밝힌다. 그리고 이러한 황당무계한 이론이 사람들의 지지를 얻는 이유가 '자유'라는 문제와 관련이 있다는 점을 제시한다.

제2장에서는 이 이론이 전제하는 '자유'가 '선택의 자유'와 다름없고 그것이 경제학뿐만 아니라 서구 사고의 기본 틀을 형성하고 있다는 것을 살펴볼 것이다. 그러나 이 '선택의 자유'는 실행 불가능한 부조리한 자유이고 그것은 '자기기만'을 통해서 사람들을 자유의 감옥에 가두어 버리기도 한다.

제3장에서는 '이기심'을 '자애'와 엄밀히 구분해 이기심이 자애가 아니라 자기혐오의 귀결이라는 것을 제시한

다. 나아가 '회의감'에 기초한 자유가 자유 그 자체를 스스로 붕괴시키는 과정을 성찰하고 '믿는' 것에 기초한 자유를 모색한다.

제4장에서는 '선택'을 대신하는 '창발'創發이라는 개념을 고찰하고 그것이 명시화할 수 없는 암묵적 차원의 작동을 의미한다는 것을 보여 준다.

제5장에서는 창발을 전제로 한 상태에서 창발을 저해하는 것의 논리를 탐구한다.

제6장에서는 '선택의 자유'가 유발하는 부정적인 측면 중 하나인 '공동체에 의한 유대=속박'이라는 개념을 논하고 그것이 초래하는 사고장애를 제거하고 『논어』에서 말하는 '도'道를 '적극적 자유'의 관점에서 고찰한다.

제7장에서는 '자기기만'이 초래하는 경제적 결과를 고찰하고 '선택의 자유'를 추구하면 왜 인간성 소외와 환경 파괴에 이르게 되는지를 살펴본다.

마지막 장에서는 이러한 논의에 따른 경제학적 의의를 논한다.

이 책에서는 경제학이 그 전제 위에서 펼치는 정밀한 논의를 다루는 것이 아니라 그 전제 자체를 따져 묻는다. 그것은 경제학을 비판하는 것에 머무르지 않고 현대 사회

를 사는 우리가 느끼는 '살기 힘듦'의 정체를 밝히려는 것
이다. 우리 자신을 지키는 '갑옷'이라고 생각한 것이 실은
'쇠사슬'이었음을 밝혀 잘 살기 위해 도움이 되는 경제학
에 이르고 싶다.

# 1장
## : 시장 경제학의 연금술

### 시장 이론의 비과학성

두말할 필요도 없이 경제는 우리 사회에서 항상 큰 관심사다. 경제가 좋거나 나쁘면 우리 생활에 직접 작용해서 사회 전체에 큰 영향을 미친다. 따라서 어떻게 경제를 운영할 것인지, 무엇이 경제적으로 옳은 것인지와 같은 문제에 관한 담론은 사회 곳곳에서 넘쳐 난다. 표준 경제 이론에 기초한 경제학자의 발언을 곧이곧대로 받아들이는 사람은 소수일지 모르지만 정부도 기업도 그리고 개인도 그러한 담론을 무시할 수 없으니 그 영향력은 해를 거듭할수록 계속 커지는 것으로 보인다.

이러한 힘을 미치고 있는 시장(시조) 경제학은 다양한 가설 아래 성립하고 있는데 실은 그 가설의 많은 부분이 비현실적이다. 여기서 비현실적이라는 것은, "현실 경제를 왜곡하고 있다"는 정도로 간단히 이해되는 문제가 아니라는 뜻이다. 많은 가설이 물리학의 여러 원리를 거스르고 있다는 의미에서 비현실적이다.

이 장에서는 그중 '상대성 이론의 부정', '열역학 제2법칙의 부정', '인과율의 부정'이라는 세 가지 테마에 관해서 간단히 논의하고 이른바 시장(시조) 원리가 얼마큼 무리한 전제 위에서 성립하고 있는지를 밝히고 싶다.

다만, 이는 단순히 경제학의 비과학성을 비판하고 그것으로 끝내겠다는 것이 아니다. 이 시장 경제학에는 사람들을 끌어당기는 강력한 힘이 있어서 비과학적 이론을 사람들이 신봉하게 하는 기반이 된다. 그리고 그것이야말로 이 책이 목표로 하는 '살아간다'는 것을 저해하고 왜곡시키는 것과 깊은 관련이 있다.

따라서 이 장에서는 현대의 정통적 시장 이론의 비과학성을 증명하는 데 그치지 않고 왜 이러한 무리한 이론이 광범위하게 받아들여지고 있는지, 그 마력의 원천은 무엇인지를 고찰한다.*

---

★ 이 장의 논의는 야스토미 아유무의 저서 『화폐의 복잡성』과 밀접하게 관련되어 있다. 좀 더 상세히 알고 싶다면 이 책을 참조하길 바란다. 그리고 이 장은 도쿄대학 동양문화연구소 연구원인 혼조 세이치로와의 논의에서 촉발되었다. 특히 '인과율'에 관한 논의는

## 표준적인 시장 이론의 버팀목 두 가지

논의에 들어가기 전에 '표준적인 시장 이론'이라는 것을 명확히 해 두기로 하자. 여기서 이용하는 것은 현시점에서 표준이라 간주되는 경제학 교재 중 하나인 할 배리언이 쓴 『입문 미시경제학』이다.

『입문 미시경제학』 첫 번째 챕터의 제목은 「시장」이며 경제학의 사고를 개관하는 것을 목적으로 한다. 첫 챕터 「시장」의 핵심 부분인 '1·2 최적화와 균형' 단락의 일부를 아래에 인용한다.

> 사람들의 행동을 설명하려 할 때는 언제나 특정한 조직화 원리, 즉 행동을 기술할 수 있는 특정한 프레임워크(틀)가 필요하다. 여기서는 아주 단순한 두 가지 원리를 선택한다.

> − 최적화 원리: 사람들은 실행 가능한 범위 안에서 가장 바람직한 소비 패턴을 선택한다.
> − 균형 원리: 일부 재화의 가격은 수요량과 공급량이 같아질 때까지 조정된다.

이 두 가지 원리를 검토해 보자. 첫 번째 원리는 거의 동어 반복이다. 사람들이 행동을 자유롭게 선택할 수 있을 때는 바라지 않는 것보다 바라는 것을 선택할 수 있다고 가정하는 편이 합리적이다. 물론 이 일반적인 이해에도 예외는 있겠지만 통상 이러한 예외는 경제 행동의 영역에는 속하지 않는다.

두 번째 원리(개념)에는 조금 문제가 있다. 어떤 임의의 시점에서 수요와 공급이 반드시 일치할 수는 없다. 일치하지 않으면 뭔가가 변하기 마련이라고 생각할 수 있다. 이러한 변화가 이루어지기까지는 꽤 많은 시간이 길릴 수 있다. 게다가 상황이 악화하면 이 변화가 다른 변화를 불러일으켜서 시스템 전체를 '불안정'하게 만들지도 모른다. 이러한 상태가 일어날 가능성이 있지만, 통상적으로는 그렇지 않다. 우리가 문제로 삼는 것은 이 균형 가격이다. 시장이 어떻게 이 균형에 도달하는지 그리고 그 균형이 장시간에 걸쳐서 어떻게 변화하는지와 같은 문제에는 관심이 없다.

—할 배리언, 『입문 미시경제학』


놀랍게도 본문이 649쪽이나 되는 엄청난 분량의 책

내용 가운데 논의의 틀을 이루는 핵심적인 두 가지 개념은 단지 반 쪽 분량 정도이며 설명다운 설명도 없이 도입되어 있다. 나머지 분량은 모두 이 개념을 다양한 문제에 적용하는 방법으로 채워져 있다. 균형 원리에 관해서는 다음과 같이 약간의 논의를 덧붙인다.

> 이 사례에서 그들은 자신들이 바라는 거래를 실현할 수 없다. 고로 시장이 균형을 이루지 못한다. 이 경우 시장이 불균형disequilibrium하다고 말한다. 이러한 상황에서는 경매인이 재화의 가격을 조정하리라 가정하는 것이 자연스럽다. 만약 재화 중 하나에 초과 수요가 발생한다면 경매인은 그 재화의 가격을 올릴 것이다. 그리고 만약 어떤 재화에 초과 공급이 있다면 그 재화의 가격을 낮출 것이다. 이 조정 프로세스는 각각의 재화에 대한 수요가 그 공급과 같아질 때까지 계속된다고 가정하자.

엄밀하게 확인한 것은 아니지만 색인으로 확인하면 '불균형'이라는 개념이 나오는 것은 이 책에서 딱 한 군데다. 이 말은 "조정 프로세스는 각각의 재화에 대한 수요가 그 공급과 같아질 때까지 계속된다"는 가정에 의해 균형

점에 도달하는 것이 보증되어 그것이 이 책 전체의 논의를 떠받치고 있다는 의미다.

이상의 이야기를 정리하면 다음과 같다.

표준적인 시장 이론에는 두 가지 버팀목이 있다. 첫 번째인 '최적화 원리'는 사람들이 '합리적'이라고 가정한다. 합리적이라는 것은 행동을 자유롭게 선택할 수 있을 때는 바라지 않는 것보다 바라는 것을 선택한다는 의미다.

주의해야 할 것은 "실행 가능한 범위 안에서 가장 바람직한 소비 패턴을 선택한다"는 가정은 '사람들은 가능한 선택지 중에서 가장 바라는 것을 선택할 능력이 있다'는 것을 암묵적으로 전제하고 있다는 점이다. 나아가 여기서 말하는 '자유'는 '있을 수 있는 선택지는 모두 선택 가능하므로 어떠한 제한도 없다'는 의미다.

두 번째 버팀목은 '균형 원리'로 "재화의 가격은 수요량과 공급량이 같아질 때까지 조정된다"고 주장한다. 이것은 늘 균형이 맞도록 조정이 이루어진다는 약한 주장이 아니다. 만약 균형이 맞춰지지 않으면 균형이 맞을 때까지 조정되어야 하고, 그것이 항상 가능하다는 강한 주장이다.

이상으로 최소한의 준비를 갖췄다. 이제부터는 이 두 가지 버팀목이 물리학의 관점에서 얼마나 비현실적인가를 밝혀 보겠다.

### 상대성 이론을 부정하는 '최적화 원리'

먼저 '최적화 원리'부터 검토해 보자. 최적화 원리의 문제점은 '계산에 시간이 걸리지 않는다'는 가정을 암암리에 두는 것이다. 누구나 알고 있듯 '계산'에는 시간이 걸린다. 아무리 간단한 계산이라 하더라도 시간이 아예 안 걸리지는 않는다. 아주 짧은 시간 안에 가능하다면 모델을 만들 때 계산 시간을 무시해도 되지 않을까 생각할 수도 있지만 말도 안 되는 생각이다. 왜냐하면 '합리적 선택'을 하기 위해서 필요한 계산 양이 막대하기 때문이다.*

여기에 두 종류의 재화가 있다고 하자. 각각의 재화에는 '산다/사지 않는다'의 선택지밖에 없다고 가정한다. 재화가 두 종류라면 다음의 4가지 선택지가 있다.

① 재화 A를 산다. 재화 B를 산다.
② 재화 A를 산다. 재화 B를 사지 않는다.

---

③ 재화 A를 사지 않는다. 재화 B를 산다.

④ 재화 A를 사지 않는다. 재화 B를 사지 않는다.


경제학에서의 소비자 행동 결정은 이러한 조합 중 실제로 예산 제약을 만족시키는 것 중에서 가장 효용이 높은 (즉 가장 '바라는') 조합을 선택하는 형태로 정해진다.

'예산 제약을 만족시킨다'는 것은 다음과 같은 의미다. 예를 들어 수중에 1,000엔이 있는 경우 재화 A의 가격이 600엔, 재화 B의 가격이 600엔이라고 하면 ②~④의 조합은 필요한 재화가 1,000엔 이하이므로 모두 선택이 가능하지만 ①은 필요한 재화가 1,000엔을 초과하므로 선택할 수 없다. 이때 ②~④를 '예산 제약을 만족시킨다'고 말한다.

'효용'이라는 것은 까다로운 개념이긴 하지만 다음과 같이 생각해 볼 수 있다. 재화가 두 종류라면 다음과 같은 4가지 조합이 가능하다.


(가) 재화 A와 재화 B 둘 다 소비한다.

(나) 재화 A만을 소비한다.

(다) 재화 B만을 소비한다.

(라) 어느 쪽도 소비하지 않는다.

이 네 가지 조합을 바람직한 순서로 나열해 본다면, 이 경우에는 (가) > (나) > (다) > (라)와 같은 모양새다. 이러한 경우 예산 제약을 만족시키면서 가장 효용이 높은 것은 (나)에 해당하는 "② 재화 A를 산다. 재화 B를 사지 않는다"는 것이므로 소비자는 ②의 행동을 선택하게 된다는 것이다. 이것으로 충분히 소비자 선택 이론의 기초가 마련된 셈이다. 보통 경제학 교과서에는 여기까지만 나온다.

그런데 문제는 여기서부터 시작된다. 지금 두 종류의 재화로 4가지 조합의 선택지가 있었다. 그러나 재화가 세 종류가 되면 2의 3승으로 8가지 조합의 선택지가 만들어진다. 재화가 네 종류라면 16가지 조합, 다섯 종류라면 32가지 조합으로, 마치 쥐가 번식하듯 선택지의 조합이 기하급수적으로 늘어난다. 열 종류라고 하면 1,024가지 조합, 스무 종류라고 하면 1,048,576가지 조합이다. 쉰 종류가 되면 1,125,899,906,842,620가지 조합이 되고 만다. 이것이 어느 정도의 수인가 하면 1초에 한 가지 조합을 센다고 가정하면 그 가짓수를 모두 셀 때까지 3,570만 년이 걸린다. 이런 식으로 종류가 늘어나면 조합도 급증하는 사태를 가리켜 '조합적 폭발' 혹은 '계산량 폭발'이라고 부른다. 이 막대한 가짓수의 조합을 바람직한 순으로 나열하기 위해서는 더 많은 시간이 걸린다.

　현실 세계에서는 아주 소규모의 가게에도 수백, 수천 종류의 상품이 진열되어 있다. 거기에 1,000엔을 들고 쇼핑하러 가서 경제학에 기초한 사고방식에 따라 예산 범위 내에서 최적의 상품 조합을 찾으려면, 아무리 초고속 컴퓨터를 사용해 우주가 시작될 때부터 계산을 시작하더라도 계산이 끝나지 않을 것이므로 쇼핑 자체가 불가능하다.

　이러한 종류의 문제, 즉 답이 있다는 것을 알고 그것을 알아보는 절차도 알고 있지만 가능한 조합의 경우의 수가 너무 많고, 게다가 열거하는 것 이외에 좋은 탐색법이 존재하지 않을 것 같은 문제를 'NP 난해'라고 한다.

　이런 문제는 세상에 널려 있다. 예를 들면 세일즈맨이 여러 방문 업체를 효율적으로 순회하기 위한 회로를 찾으려면 아무리 초고속의 컴퓨터를 사용해서 계산해도 수억 년 정도의 시간이 걸린다는 '순회 세일즈맨 문제'나 혹은 그 세일즈맨이 배낭에 갈아입을 옷이나 상품 샘플을 가장 효율적으로 담는 법을 찾으려고 하면 이것 또한 계산하는 데 수억 년이 걸리고 만다는 '배낭 문제' 같은 것이다.

경제학자인 시오자와 요시노리가 자신의 저서 『시장의 질서학』에서 지적한 것처럼 '최적'을 추구한다는 경제학에서 효용의 극대화 문제는 'NP 난해'이다. 그런데 경제학에서는 이 문제가 정상적인 시간 안에 풀린다고 암묵적으로 가정한다. 이는 곧 무한의 속도로 계산할 수 있다는 주장과도 같다.

두말할 필요 없이 '계산'은 물리적 과정이므로 물리법칙을 어길 수 없다. 상대성 이론이 밝히고 있는 것처럼 진공에서의 빛의 속도를 넘어서는 속도란 있을 수 없다. 어떠한 계산 절차도 거기에 필요한 속도가 광속보다 빠를 수는 없기에 무한 속도의 계산은 실현 불가능하다. 그런데 소비자가 효용을 최적화할 수 있다는 가정은 무한의 계산 속도를 요구하므로 상대성 이론을 부정해야 비로소 성립된다.

### 기수적 효용과 서수적 효용

이처럼 물리학적인 의미에서 비현실적인 소비자 행동의 정식화는 이른바 '기수적 효용'과 '서수적 효용' 문제와 관계있다. 기수적 효용이라는 것은 효용을 측정 가능하다고 간주하고 그것을 한데 합할 수 있다고 생각하는 입장이다. 예를 들어 개인으로 말하자면 사과 1개의 효용과 귤 1개의 효용은 각각 측정할 수 있어서 사과와 귤을 둘 다 먹으면 그때의 효용은 양자의 효용의 합계가 된다고 생각한다. 그리고 다른 개인과 효용을 비교하거나 서로 더하는 것도 가능하다고 본다.

그러나 유감스럽게도 조금만 생각해 보면 곧바로 알 수 있는 일인데, 객관적인 효용의 척도를 찾는 것은 불가능하다. 사과 1개가 주는 효용은 사람마다 다를 것이고 어느 한 사람에게 사과 1개의 효용과 귤 3개의 효용이 같은지 아닌지는 뭐라고 말할 수 없다.

이래서는 재화의 가치가 효용에 의해 결정된다는 효용가치설의 입장을 유지할 수 없으니 문제다. 왜 문제인가 하면 '물건'의 가치는 그것을 생산하려고 투입된 노동 시간에 의해 결정된다는 노동가치설에 대항할 수 없게 되기 때문이다. 노동가치설을 부정할 수 없으면 마르크스의 착취 이론을 인정해야 하는데, 그래서는 자본주의 경제는 '악'이라는 셈이 되어 버리니 자본주의 입장에서는 거북할 수밖에 없다.

이 문제를 극복하기 위해 만들어진 것이 서수적 효용

이론이다. 이 이론은 '어떤 선택지가 다른 선택지보다 바람직한지 아닌지'와 같은 개인의 선호 관계에 기초해서, 더욱 바람직한 재화의 조합은 더욱 큰 효용을 갖는다는 형태로 효용을 규정한다. 재화 하나하나의 객관적인 척도에서의 효용을 정량적으로 생각하지 않아도 재화의 조합을 각 개인이 주관적으로 바람직하다고 생각하는 순서대로 나열한다고 생각해서, 제대로 가격 결정의 시장(시조) 이론을 구성할 수 있음을 보여 준다.

이것은 수학적으로는 약간 재치 있는 정도의 이야기에 지나지 않지만, 경제학 분야에서는 이 발견이 '20세기 최대의 성과'라고 할 정도의 평가를 얻어 오늘날 주류 이론이 되었다. 이 분야의 연구자에게는 몇 개의 스웨덴 은행상(통칭 노벨상)이 수여되었다.

그러나 앞에서 진술한 '조합적 폭발'의 문제를 생각해 보면 기수적 효용을 서수적 효용으로 바꾸어 이론을 구성하는 것은 진보도 뭐도 아니라는 것을 알 수 있다. 이것은 효용을 가산할 수 있다는 무리한 가정을 피하는 대신에 무한대 속도의 계산이 가능하다는 더욱더 무리한 가정, 즉 상대성 이론을 부정하는 가정을 끌어들인 것에 지나지 않는다.* 이상과 같이 서수적 효용에 기초한 '최적화 원리'의

---

* 기수적 효용의 입장에서는 앞에서 말한 '조합적 폭발'의 문제가 일어나지 않는다. 만약 가장 강력한 기수적 입장에서 물건의 가격이 그 물건의 효용에 따라서 결정된다고 하면 1,000엔짜리 물건을 사면 1,000엔짜리의 효용을 얻는다. 그렇다면 물건을 사는 것은 간단하

도입은 상대성 이론을 부정해야 비로소 가능하다.


## 균형 가격이라는 '모색'

여기서 시장 원리가 무엇인지 생각해 보기 위해 상대성 이론에 반하지만 무한 속도로 계산이 가능하다는 가정을 작업상 일단 용인하기로 해 두자. 그럼 이것으로 경제학의 표준적인 시장 이론을 구성하기에 충분할까. 대답은 '아니오'다. 이 가정은 각 개인이 자신의 효용을 최대화하는 '답'을 발견하는 데는 충분하지만 시장에서 가격 결정을 실현하는 데는 불충분하다.

균형 가격을 실현하는 데는 균형 원리를 도입하지 않으면 안 되는데 이 원리는 상대성 이론을 부정하는 것만으로는 실현할 수 없다. 앞에서 인용한 배리언의 『입문 미시경제학』에는 나오지 않는 내용인데, 균형 원리를 보증하는 시장에서 균형 가격의 실현은 '모색'摸索이라는 과정에 의해서 이루어진다고 본다. 그것은 다음과 같은 과정

---

다. 물론 무작위로 아무 물건이나 1,000엔만큼 사서 그것으로 만족할 수 있느냐 하면 그럴 수는 없다. 그러나 어떤 만족 수준을 생각해서 그것을 충족시켜 주는 조합을 만나면 문제는 해결될 수 있다. 즉 상황에 맞추어 취할 수 있는 행동이면 계산을 위해 필요한 시간을 확보할 수 있기 때문에 그럭저럭 정상적인 행동을 할 수 있다. 이것은 미국의 인지심리학자이자 정치학자, 컴퓨터과학자, 경영학자, 이론 경제학자인 허버트 사이먼이 말하는 '만족 원리'이다. 물리 법칙을 깨는 가정에 따르는 논의는 황당무계하다. 그런 가정을 설정하기보다는 기수적 효용의 가정을 설정하는 것이 그나마 낫다.

이다.

미리 시장에 참가하고 있는 각자에게 소유할 자원과 각자의 기호를 표현하는 소비 함수를 제공한다. 거기에 어떤 가상의 가격표가 제시된다. 각자는 그 가격표에 따라서 효용의 최대화가 실현되도록 소유하고 있는 재화의 매각과 원하는 재화의 구매 계획표를 만든다.

그렇게 형성되는 각 재화의 수요량과 공급량을 모두 합하면 각 재화의 수요와 공급이 모두 산출된다. 거기서 수요의 불균형 정도에 따라서 수요가 초과하면 가격이 조금 상승하고, 공급이 초과하면 가격이 조금 하락한다고 가정한다. 그렇게 만들어진 새로운 임의의 가격표에 기초해 각자 구매 계획표를 다시 만든다. 그렇게 해서 제출된 새로운 수요량과 공급량의 차이에 따라 가격이 오르고 내리며 새로운 가격표가 만들어지고 또 거기에 따라서 수요가 결정되고……, 하는 식의 절차를 계속 반복한다. 이렇게 최종적으로 모든 재화의 수요가 일치하는 임의의 가격표에 도달하면 그것이 바로 균형 가격을 나타낸다.

주의해야 할 점은 이 '모색'의 과정에서는 그 누구도 소비나 생산, 교환 모두 해서는 안 된다는 점이다. 만약 모색 과정 도중 누군가가 배고픔을 견디지 못해 가진 자원

중 하나인 식량을 먹으려고 한다면 큰일이다. 초기 자원의 분포가 변해 버리게 되므로 원점으로 돌아가서 처음부터 다시 시작해야 한다. 즉 모색은 먹고 마시는 것을 일절 금하고 관철해야 한다.

히에산에는 천일회봉행千日回峰行이라는 고행이 있는데 그중에 특히 엄격한 고행이 '도이리'堂入り다. 행자는 무동사 골짜기 명왕당에 들어가서 90여 일간 잠자지도, 앉지도, 먹지도, 마시지도 않는, 즉 줄곧 선 채로 오로지 부동명왕不動明王의 진언만 계속 소리 내어 읽어야 한다. 모색 중인 경제인은 바로 이 행자와 같은 상태에 놓이는 것이다.


## 열역학 제2법칙을 무시하는 균형 원리

앞서 말한 것처럼 개개의 소비자가 주어진 가격표에 기초해서 자신의 수요를 결정하는 데는 막대한 계산을 해야 하는데 그것은 무한 속도로 실행할 수 있다고 가정하였기 때문에 걱정하지 않아도 된다. 그러나 '각자가 결정한 수요 공급 계획을 정리해서 그 불균형에 따라 새로운 가격표를 만들고 그것을 각자에게 제시해서 수요를 결정하게 하는' 것과 같은 과정을 계속 반복해 균형 가격을 모색하는 과정을 실현하려면 아무래도 정보 교환이 필요하다. 이 정보 교환은 초기 자원의 분포가 변화하지 않도록 에너지와 물자를 이동시키지 않고 실현해야만 한다.

그런데 현실 세계에서는 정보를 주고받기 위해 에너지 소비와 물질의 이동이 불가결하다. 이것은 열역학 제2법칙에서 바로 이어지는 결론이다. 물론 모색의 과정에는 정보의 교환이 반드시 필요하다. 그런데 그 정보의 교환에 에너지의 소비와 물질의 이동이 필요하다고 하면 초기 자원 분포가 바뀌어 버린다. 이래서는 입맛에 맞게 음식을 골라먹는 것과 똑같은 일이 벌어져 모색은 출발점으로 돌아간다. 따라서 모색을 관철하려면 정보를 주고받는 데 에너지의 소비나 물질의 이동은 필요 없다고 가정하지 않으면 안 되는데, 이 가정은 열역학 제2법칙을 부정하는 꼴이 된다.*

---

* 여기서 열역학 제2법칙을 상세히 설명할 여유는 없지만 간단히 말하자면 뜨거운 물체와 차가운 물체가 있을 때 열은 뜨거운 쪽에서 차가운 쪽을 향해서 흐르고 그 반대로 흐르지는 않는다는 원리이다. 이는 시간의 불가역성과 밀접한 관련이 있다. 열역학 제2법칙과 정보의 관계를 조금 더 상세히 설명해 두겠다. 만약 에너지의 소비와 물질의 이동 없이 정보를 취득할 수 있다면 '맥스웰의 악마'와 같은 존재를 허용하게 된다. '맥스웰의 악마'는 다음과 같은 가상적 존재다. 여기 균일한 온도의 공기로 채워진 용기가 있다고 하자. 공기의 온도는 공기 분자의 속도 분포에 대응하므로 온도가 높다는 것은 빠르게 운동하는 분자가 많다는 의미이다. 따라서 온도가 낮다는 것은 속도가 느린 분자가 많다는 의미이다. 온도가 균일한 것은 이 용기의 어느 부분이라도 '분자의 속도 분포'가 같다는 것을 의미한다. 주의해야 할 점은 '분자의 속도 분포'가 균일해도 '분자 각각의 속도'는 균일하지 않다는 점이다. 자, 그러면 이 용기를 작은 구멍이 뚫린 칸막이를 이

정보의 교환에 드는 비용이 무시할 정도로 적으면 원점으로 돌아간다고 해도 자원의 초기 부존賦存 상태가 아주 조금만 변화할 것이므로 개의치 않고 모색을 계속할 수도 있다. 그러나 균형 가격을 찾기 위해서 주고받는 필요한 정보의 분량은 만만치가 않다.

가격표를 제시하였을 때 그것에 대한 수요 계획을 각자에게서 받으려면 그 경제에 속하는 '인구×재화 종류'만큼의 수치를 모아야 한다. 일본의 경제를 기준으로 생각하면 적게 견적을 내도 재화의 종류가 수백만 개는 될 테니 '1억×수백만(수백조)' 개의 수치를 다루지 않으면 안 된다.

게다가 임의의 가격표를 통해 균형 가격표에 도달하기는 쉽지 않다. 수급 불일치가 일어났을 때 가격을 '조금만' 움직이게 한다고 또 너무 조금만 움직이면 이 절차를 몇 번이나 반복해도 가격이 거의 움직이지 않는다.

더구나 진짜 균형점이 아니면서 다른 것에 비해 균형

---

용해 두 칸으로 나눈다고 가정하자. 그리고 개개의 분자를 모두 볼 수 있는 악마가 그 구멍을 여닫도록 한다. 이 악마는 빠르게 움직이는 분자는 좌측 칸에서 우측 칸으로 갈 때만 구멍을 열어 주고 느리게 움직이는 분자는 우측 칸에서 좌측 칸으로 갈 때만 구멍을 열어 준다. 악마는 에너지를 쓰지 않고 이 작업이 가능하다고 설정된 것이 포인트다. 이 작업을 악마가 반복하면 우측 칸에는 빠른 분자가 모이고 좌측 칸에는 느린 분자가 모이게 된다. 즉 악마는 물리학적으로 의미 있는 일을 하지 않고도 좌측 칸의 온도는 내리고 우측 칸의 온도는 높이는 것이 가능하다. 원래 균일했던 온도가 균일하지 않은 상태로 저절로 바뀐다는 상황은 열역학 제2법칙과 모순된다.

에 가까운 상태를 가져오는 점이 있다면 거기에 잘못 빠져 들어 진짜 균형점을 찾지 못하게 될 위험성이 있다. 그렇다고 해서 너무 과감하게 움직이면 균형 가격을 뛰어넘을 수도 있다. 그렇게 되면 쳇바퀴 돌듯 돌기만 하고 언제까지나 균형 가격을 찾지 못하거나, 운이 나쁘면 '카오스'라 불리는 불규칙한 운동을 야기하고 만다. 이처럼 균형 가격을 모색하는 것은 쉬운 일이 아니다.

그리고 재화의 종류가 두 종류라면 2차원 공간의 한 점을 찾는 문제라서 어떻게든 되겠지만 세 종류라면 3차원 공간을 헤매지 않으면 안 된다. 그렇게 되면 까다로운 문제가 되고 만다. 재화가 수십 종류가 있다면 수천 차원 공간에서 균형점을 모색해야 하니 처음부터 절망적이다. 일본 경제 전체라고 하면 수백만의 재화에 대응하는 수백만 차원 공간이 되는데, 이것은 이미 우리의 상상을 초월한다. 가격표를 일단 제시하는 것만으로 수백조 개의 수치를 주고받는 절차를 반복해 이처럼 절망적인 일을 실현하는 것은 엄청난 양의 정보 교환을 필요로 한다. 이와 더불어 에너지 소비와 물질의 이동은 결코 무시할 수 있는 양이 아니다.

그렇다면 정보 교환에 에너지 소비와 물질 이동은 필

요 없다는 가정을 하지 않으면 표준적인 시장 이론을 유지할 수 없다. 그러기 위해서는 상대성 이론을 부정하는 것만으로는 부족하고 열역학 제2법칙도 부정해야 한다.


### 인과율을 무너뜨리는 시장 균형

그러면 여기서는 한 걸음 더 나아가 상대성 이론을 부정함과 동시에 열역학 제2법칙도 부정한다고 치자. 이것으로 경제학의 표준적인 시장 원리를 지탱하는 두 기둥인 '최적화 원리'와 '균형 원리'를 도입한 것이 된다. 그렇다면 이것으로 표준적인 시장 이론을 실현하기 위해서 충분한 것일까. 유감이지만 대답은 아직 '아니오'다. 적어도 숨겨진 버팀목이 한 가지 더 필요하다.

프랑스의 경제학자 에드몽 말랭보는 『미시경제이론강의』라는 대학원용 교재를 썼다. 최근에는 다른 교재에 추월당했지만 오랫동안 세계 곳곳에서 최고의 교재라는 정평이 난 명저다. 나도 이 책은 현재 주류인 교재와 비교해 훨씬 훌륭하다고 느끼고 있다. 왜냐하면 말랭보는 자신의 이론을 설명할 때 아무리 불리하더라도 논의의 전제가 되어야 하는 이야기를 가능한 한 밝히겠다는 태도를 지키며 그것을 상세히 써 놓고 있기 때문이다. 현재 대부분의 교재는 자신에게 불리한 가정은 가능한 한 들키지 않도록 숨기고 있다. 이 장의 앞에서 살펴본 베리언의 책이 높게 평가받고 있는 것은 이 은폐 공작이 특히 교묘하기 때문이다.

말랭보는 자신의 저서 첫 부분에 베리언의 교재에서 다루는 논의 전체가 다음과 같은 가정에 따른다는 사실을 분명히 밝혀 둔다.

> 사회가 오직 단 한 번의 행동만 일으킨다고 가정해 보자.
> —에드몽 말랭보, 『미시경제이론강의』

이 가정처럼 표준적인 시장 이론은 경제 현상을 단 한 번 일어나는 현상으로 간주하고 이론화하였다. 이 말랭보의 버팀목이 없으면 베리언의 교재에서 쓰이는 것과 같은 논의는 일절 전개될 수 없다.

이미 진술한 것처럼 각자의 최적화와 시장에서의 모색으로 발견되는 시장 균형은 생산·교환·소비와 같은, 물질과 에너지의 들어가고 나감을 동반하는 현상을 배제한 것으로 이루어진다. 이렇게 발견된 시장 균형에 따라 현실의 경제 활동을 설명하는 경제학의 표준적인 사고방식은 큰 문제를 내포한다.

생산·교환·소비는 시간 속에서 일어나는 과정이므로 예를 들면 '내가 신발을 만들면 그것을 쌀과 교환해서 먹을 수 있다'는 연쇄적인 사건으로 형성되어 있다. 어떤 시점의 행동은 그 후의 행동에 영향을 주어서 계속 이어진다. 게다가 그 연쇄는 나 개인의 문제가 아니다. 나의 행동은 다른 사람의 행동에 영향을 주고 다른 사람의 행동은 나의 행동에 영향을 준다.

내가 신발을 만들지 않으면 당신은 신발을 신을 수 없다. 당신이 쌀을 생산하지 않으면 나는 신발과 쌀을 교환할 수 없다. 내 현재의 행동이 당신 미래의 행동에 영향을 주고 당신의 현재 행동이 나의 미래 행동에 영향을 준다. 내가 신발을 만들었지만 당신이 쌀을 만들지 않았으니 신발을 만든 것은 취소라고 할 수는 없는 노릇이니까.

이미 만든 신발은 취소가 불가능하다. 현재에 영향을 주는 것은 과거뿐이며 미래는 현재에 영향을 줄 수 없다. 이것은 인과율이라 불리는 원리다. 이러한 인과로 연결된 사슬이 서로 얽혀 현실의 경제가 작동한다.

이에 비해서 모색 과정은 이러한 연쇄성과는 관계가

없다. 모색 과정은 일견 초기의 가격에서 시간이 지남에 따라 변동되어 최종적으로는 균형 가격에 이르는 것처럼 보이지만 그것이 일어나는 경로는 언제라도 취소할 수 있다. 모색 도중의 임시 가격표는 어디까지나 임시 가격표일 뿐, 각 개인이 형성하는 수요와 공급도 어디까지나 임시의 수요와 공급에 지나지 않는다. 모색 도중 어떤 단계에서 형성되는 가격표는 다음 단계의 가격표에 영향을 주는 것처럼 보이지만 그것은 겉으로만 그렇게 보일 뿐이다.

모색 과정에서는 시간이 흐르지 않고 정지되어 있으므로 내가 신발을 만들려고 했지만 당신이 쌀을 생산하지 않았으므로 내가 신발 만들기를 그만둔다는 논리가 가능하다. 물론 이 모색 과정을 내 마음대로 머릿속에서 상상하는 것에는 아무런 문제가 없다. 내가 무한의 계산력을 행사하고 당신도 무한의 계산력을 행사하며, 나아가 정보의 교환을 비물리적 수단으로 행해서 서로 완벽하게 정합하는 계획표를 만든다고 상정하는 것은 인과율에 저촉되지 않으므로 상대성 이론과 열역학 제2법칙을 무시하기만 하면 가능하다. 그러나 인과율에 계속 얽매이면서 실행되는 생산·교환·소비의 과정을 이러한 인과율에 얽매이지 않는 모색의 결과로 얻을 수 있는 균형 상태와 동일시하는 것은 인과율을 깨뜨리는 일이다. 즉 신발을 만든 일을 없었던 일로 하는 것이 불가능한 세계에서 일어나는 일을 설명하는 데 그것이 가능한 세계에서의 이론을 사용한다면 인과율을 거스르게 된다.

표준적인 시장 이론에서는 모색의 결과로서 얻어지는 균형 가격, 균형 생산액, 균형 소비액이 그대로 현실의 가격, 생산액, 소비액으로 다루어진다. 인과율을 거스르지 않으려면 이론의 대상을 엄격히 모색 과정으로 한정해야 한다. 실제로 표준적인 경제 이론은 현실의 생산·교환·소비 과정을 거론하지 않으므로 이 제약을 암묵적으로 지키고 있다고 간주할 수도 있다. 그렇다면 앞의 말랭보의 가정은 정확하지 않으며 다음 명제가 보다 정확한 전제가 된다.

사회가 단 한 번이라도 행동을 일으키지 않는다고 가정해 보자.

단 한 번도 행동이 일어나지 않은 사회에 관한 정밀한 이론은 실현 불가능한 유토피아에 관한 이론보다 훨씬 부조리하다. 하지만 만약 이 명제가 마음에 들지 않는다면

상대성 이론, 열역학 제2법칙과 더불어 인과율도 부정해
야 한다.

### 밀턴 프리드먼의 반론

이상으로 경제학의 표준적인 시장 이론이 상대성 이론,
열역학 제2법칙, 인과율이라는 근본적인 물리 법칙을 깨
고 있다는 것이 밝혀졌다. 생명이 물리 법칙을 깰 수 없음
은 두말할 필요 없다. 생명은 물리 법칙으로 해소되는 것
은 아니지만 물리 법칙을 어길 수는 없다. 생명의 일종인,
인간의 상호 작용에 의해 생성되는 사회 또한 물리 법칙으
로 해소되는 것은 아니지만 물리 법칙에 반할 수는 없다.
따라서 사회의 한 측면을 다루는 경제 이론이 물리 법칙을
어기고 있다면 그 이론은 틀린 것이다. 물리 법칙을 깨는
경제 이론은 황당하다.

　　자유주의 경제학의 주요 논자 중 한 명인 밀턴 프리드
먼은 경제학의 '비현실성'이라는 비판에 대한 반론으로 다
음과 같이 '도구주의'라 불리는 논의를 전개한다.

　　숙련된 당구 선수가 예측하며 공을 치는 상황을 생각해

보자. 그가 마치 자신이 공이 구르는 경로의 최적의 방향을 계산하는 복잡한 수학적 공식을 알고 있고, 공의 위치를 가리키는 각도 같은 것을 눈으로 정확하게 가늠할 수 있으며, 공식을 이용해 재빠르게 계산할 수 있을 뿐만 아니라 공식에 의한 방향으로 굴러가도록 공을 친다는 가설을 세운다면 그 예측이 뛰어나다고 생각하는 것은 전혀 불합리하지 않다.

—밀턴 프리드먼, 『실증적 경제학의 방법과 전개』

이 논의는 그럴듯하지만 실은 기만적이다. 사실상 당구 선수는 물리학의 수리적 공식은 모르더라도 당구와 관련한 물리 법칙은 물리학자가 다루지 못할 범위까지 상세히 이해하고 있어서 그것에 반하지 않도록 행동하므로 당구공을 자유자재로 다룰 수 있다. 따라서 물리 법칙과 당구 선수의 행동은 모순되지 않는다. 물리 법칙을 거스르는 기술을 사용하는 것은 그 어떤 당구의 고수도 불가능하다.

물리 법칙에 따라 경기하는 당구 선수의 행동을 물리 법칙에 따라 예측하는 것도 불가능하지 않다. 단 물리학자가 다루는 정도의 조잡한 이론으로 당구 선수의 고도의 계산을 시뮬레이션하는 것은 그리 쉬운 일이 아니다. 이렇게 미묘한 거짓을 말한 뒤 프리드먼은 다음과 같은 큰 거짓을 말한다.

이러한 예로부터 다음과 같은 경제학의 가설까지는 불과한 발짝이다. 즉 광범위한 조건에 기초해서 개별 기업은 마치 그들이 예상 수익(일반적으로 '이윤'으로 잘못 불리고 있지만)을 합리적으로 최대화하는 것을 추구하며 나아가 그 기획에 성공하기 위해서 필요한 데이터를 숙지하고 있는 것처럼 행동한다. 요컨대, 마치 기업은 적절한 관련이 있는 비용 및 수요 함수를 알고 있으며 그들이 가능한 모든 행위로부터 생기는 한계 비용과 한계 수입을 계산해서 적절한 한계 비용과 한계 수입이 같아지는 점까지 각 행위를 밀어붙이는 것처럼 행동한다는 가설이다.

—밀턴 프리드먼,『실증적 경제학의 방법과 전개』

이것이 큰 거짓말이라는 것은 기업가 역시 물리학의 수리적 공식은 몰라도 물리 법칙에 반하는 일은 하지 않기 때문이다. 예를 들면 영구적인 대형 발전소를 건설한다는 식으로 물리 법칙을 무시한 사업은 이뤄질 수 없다. 물리 법칙에 따른다고 해서 사업이 성공하는 것은 아니지만 물리 법칙에 반하는 기획이란 실행이 아예 불가능하다. 한편 이미 살펴보았듯 프리드먼이 지지하는 경제 이론은 물리 법칙을 깨고 있다. 따라서 물리 법칙에 반하는 기업가의 행동을 경제 이론이 설명하는 것은 불가능하다.

물론 물리적으로 불가능한 것을 가능하다고 속여서 타인으로부터 돈을 갈취하는 사기꾼도 많이 있지만, 그들은 물리 법칙에 반하는 일을 하는 것이 아니라 자기가 하는 일의 일부를 은폐하고 있는 것뿐이다.

합법적 사업이라도 똑같은 구조로 작동하는 예는 많다. 예를 들면 "원자력 발전은 이산화탄소를 배출하지 않는 친환경 클린 에너지입니다"와 같은 말을 할 수 있는 것은 파괴성이 매우 높은 플루토늄 등의 방사성 폐기물이 물리적으로 은폐되고 있기 때문이다. 이것이 지진이나 테러, 사고 등으로 유출되어 체르노빌처럼 되면 "친환경 클린"이니 하는 말은 못 할 것이다. 낮은 수준의 방사성 물질은 미량이기는 하지만 늘 새어 나오고 있는데 '안전 기준 이내'라는 근거로 커뮤니케이션적인 면에서 은폐되고 있다.

## 연금술로서의 경제학

혹은 이러한 변명도 가능할 수 있겠다. 말하자면, 이렇게 은폐된 부분은 당연히 윤리적으로는 문제가 있을지 모르겠지만 값을 부여하지 않으니 유감스럽게도 경제적으로는 존재하지 않는 것과 마찬가지다. 그렇다면 경제적으로 의미 있는 부분에만 의식을 집중하는 경제학은 물리 법칙을 따르지 않아야 한다. 경제학이 물리 법칙에 반하는 것은 문제이기는커녕 그 자체가 경제학의 학문적 독자성을 위한 기반이니 말이다.

이렇게 말하면 필시 내가 이제까지 전개한 경제학 비판은 헛스윙으로 끝난다. 그러나 이렇게 경제학을 규정하면 경제학이 과학이 아니라 '연금술'이라는 것을 인정하는 것이 된다. '연금술'이란 납과 같은 비금속을 금 같은 귀금속으로 변화시키는 기술인데 그것은 물리적으로 불가능한 시도다.

그런데 아주 오랜 기간에 걸쳐서 이 시도가 가능하다고 여겨져 왔고 또 실제로 금을 만들어 내는 데 성공한 연금술사가 수두룩한데, 그들의 '성공'은 의도적이든 무의식이든 물리 과정의 일부를 은폐했기 때문이다.

예를 들면 여기에 납이 있다고 하자. 그 납에 열을 가해서 녹인다. 거기에 몰래 금을 섞어서 굳힌다. 그것을 다시 녹여서 여러 가지 방법을 사용하면 납 속에서 금을 끄집어낼 수 있다. 금을 섞는 물리 과정을 자기 자신도 자각하지 못하고 덮어 버리면 납을 금으로 바꾸는 연금술이 완성된다. 이 숨겨진 범위는 연금술의 관심 밖이고 그들의 관심 범위 내에서는 지극히 정밀하고 체계적인 논의가 이루어져 왔다.

　'경제 현상'이라는 물리 과정 중 경제학의 인식과 관계가 없는 부분을 은폐한다고 하면 이것은 자신들에게 불리한 물리 과정을 은폐해서 성립한 연금술과 같은 셈이다. 이 사실을 인정한다면 '경제학'economics이라는 말을 버리고 '연금술학'alchemics이라고 이름을 바꾸는 것이 낫다. 실제, 앞서 언급한 프리드먼의 기만적인 논의는 과학과 연금술을 동일시하는 것이다. 이런 이론으로 높은 신분을 획득하고 높은 급료를 받고 책을 쓰거나 강연을 해서 더 많은 돈을 버는 것은 다름 아닌 연금술사의 수작이다.

　프리드먼은 "이러한 예로부터 다음과 같은 경제학의 가설까지는 불과 한 발짝"이라고 태연히 말하는데 양자 사이에는 천길만길의 낭떠러지가 자리 잡고 있다. 한쪽은 과학이고 나머지 한쪽은 연금술이다. 계속해서 프리드먼은 한 걸음 더 나아간 거짓말로 덧칠을 한다.

그런데 당연하지만, 나뭇잎이나 당구 선수가 복잡한 수학 계산 절차를 거쳐 움직인다거나 또는 떨어지는 물체가 진공을 만들어 내겠다고 결정한다거나 하는 일은 절대 없는 것처럼, 수리경제학자가 가설을 제시하는 데 편리하다고 사용하는 연립 방정식 체계를 사업가가 실제로 계산할 일은 없다. 당구 선수에게 공의 어느 부분을 칠 것인지 어떻게 정하냐고 물어보면 그는 "정확히 계산하겠지만 확실히 하려고 기도를 한다"고 말할지도 모른다. 그리고 사업가는 아마도 "평균 비용에 상당하는 가격을 정하는 데 물론 시장의 사정에 따라 다소의 가감을 한다"고 말할 것이다. 그 어느 쪽 표명도 거의 똑같이 유리하지만, 양쪽 모두 거기에 대응하는 가설의 적절한 테스트는 못 된다.
—밀턴 프리드먼, 『실증적 경제학의 방법과 전개』

당구 선수는 물리학자처럼 간단하게 계산은 못 하지만 좀 더 고도의 계산을 복잡하게 한다. 사업가 또한 제대로 계산하고 행동한다. 대신 사업가는 경제학자가 할 법한 연금술 같은 계산이 아니라 물리 법칙에 반하지 않는 계산을 한다. 물리 과정에 관한 정당한 사례가 연금술사가 말하는 "가설의 적절한 테스트는 못 된다"라는 것은 당연하다. 왜냐하면, 연금술은 자신에게 불리한 부분은 숨기므로 아무리 과학적인 반증을 제시해도 어떤 반응도 보이지 않고 태연히 있다.


## 시장 경제론에 맡긴 희망

그런데 이런 종류의 시장 경제론alchemics*은 20세기 후반에 급속히 발전하면서 광범위한 지지를 얻어 왔다. 왜 이러한 이론이 이만큼의 매력을 가지는가 하는 것은 진지하게 생각할 필요가 있다. 그 단서로 일본인 경제학자로 세계적으로 유명했던 모리시마 미치오의 문장을 참고하고 싶다. 그는 이러한 종류의 논의를 낳은 장본인이라고 할 만한 영국의 경제학자 존 힉스의 저서 『가치와 자본』Value and Capital에 관해 다음과 같이 말했다.

> 존 힉스가 쓴 『가치와 자본』은 내게 결정적인 영향을 준 책이다. 감수성이 풍부한 10대 후반에 이 책을 읽지 않았다면 나는 후반생을 영국에서 지내지 않았을 것이다. 『가

★ 이 병기는 저자가 현재의 주류 경제학을 연금술이라 비꼬기 위한 것으로 여겨진다.(옮긴이 주)

치와 자본』을 출판사의 허가도 받지 않은 복사 해적판으로 읽기 시작한 것은 1942년의 일이었다. 태평양 전쟁은 그 전년도에 막 일어났지만 일본이 전시 체제에 돌입한 것은 이미 오래여서 내 소년 시절은 늘 그 체제 아래 있었다.

사상 통제는 해가 갈수록 엄격해져 구제국 고등학교 학생이던 무렵에는 내가 살던 하숙집마다 경찰의 사찰을 몇 번이나 받았다. 신문은 기회주의적 태도를 취했고 많은 대학교수들은 기꺼이 군부의 앞잡이가 되었다. 마르크스주의자는 체포당했고 다수의 전향자가 국수주의의 열광적인 창도자가 되었다. 나치의 노선에 따르는 경제학 연구가 주류를 이루면서 나치류의 지정학이 아시아 여러 나라에 대한 일본의 침략을 정당화하기 위해서 이용되었다. 이렇게 나라 전체가 히스테리에 빠진 상태에서 앵글로색슨 사람이 쓴 경제학 책을 읽는 것은 일종의 소극적 저항이었다. 군부에 대한 적극적인 저항의 길은 거의 남아 있지 않아서 할 수 있는 것이라고는 적국인 영국과 미국의 사회과학과 철학에 관한 순수한 연구를 계속하는 소극적인 저항밖에 없었다.

—모리시마 미치오, 『자본과 신용』

이러한 냉엄한 상황에서 모리시마는 힉스의 책을 읽었고 1943년 말에 학도병으로 출전할 때까지 그 책을 탐독하였다.

힉스의 책은 처참한 현실로부터 아득히 떨어진, 깨어 있는 지적 세계로 나를 이끌어 주었다. 내가 졸업한 무렵 일본의 고등학교는 지나치게 전문화되어 철학과 사회학을 전공하려는 학생은 통상 독일어를 제1외국어로 선택했다. 고등학교 시절의 나는 괴테, 하이네, 쇼펜하우어 같은 작가의 책을 읽었고, 알지도 못하면서 G. 짐멜의 『사회학』Soziologie 같은 책을 즐겨 보았으며, 데카르트적 '명석함'은 전혀 몰랐다.

그 결과 힉스의 예리한 이론이 나에게 준 영향은 한층 더 커졌다. 게다가 냉엄한 국제 분쟁의 한복판에서 국가를 초월한 일반적 원리를 배우는 데서 '정신적'으로 상당히 위안을 받았다.

여기에 묘사된 『가치와 자본』의 휘황찬란함은 눈부실 뿐이다. 그 빛남은 다음과 같은 점에 있다고 봐도 좋다.

(1) 전체주의적 억압으로부터 해방되는 자유주의의 이론으로서의 매력

(2) 국가를 초월한 일반적 원리로서의 매력

(3) 데카르트적 명철함의 매력

내가 볼 때 이 매력은 모리시마 개인이 느낀 것이 아니고, 또 힉스의 책만이 가진 것도 아니다. 힉스의 원전에는 미치지 못하더라도 경제학의 표준적인 시장 이론 자체가 이 매력을 가지고 있다. 학도병으로 출정해야 하는 냉엄한 상황에서 모리시마가 느꼈던 강렬한 매력에는 미치지 못해도, 많은 사람이 동일한 종류의 어떤 억압으로부터의 해방감을 느낀 것은 아닐까.

표준적 시장 이론은 '인간 자유의 존엄함을 보편성을 가진 엄밀한 논리로 밝히는 이론'이라는 성격을 넓게 부여받고 있다고 봐도 좋을 것이다. 예를 들면 정치학자 노먼 배리는 현대의 자유주의에 관해 총괄적으로 정리한 『자유의 정당성』에서 "20세기의 자유주의와 자유지상주의가 그 주요한 지적 토대를 경제학에 둔 것은 의심할 여지가 없다"고 지적하였다.

## 마르크스 경제학과 자유주의 경제학의 숨겨진 공통점

이 장에서 제시한 경제 이론의 여러 전제의 비과학성은 어디에도 쓰여 있지 않지만 실은 많은 사람이 어렴풋이 느끼고 있다. 경제 이론을 처음으로 배운 사람의 상당수는 어쩐지 속은 듯한 느낌이 든다. 이것이 경제 이론의 난점이다. 속고 있는 것은 아닐까 하는 생각을 계속하다 보면, 이론이 머리에 들어오지 않게 되어 버린다. 그런데 그 지점에서 한번 속고 나면 그다음은 쉽게 배울 수 있다.

이 속은 듯한 느낌의 은폐 위에 경제학은 구축되어 있다. 그 은폐 작업은 아주 교묘하다. 나 자신도 오랫동안 속아 왔다는 사실을 굳이 계속 숨길 필요는 없을 것이다. 그런데 나 자신이 계속해서 속고 있다고 느끼고 있었음에도 이 사실을 언어화하는 데 15년 이상 걸렸다. 이런 속는 느낌을 사람들이 억지로 억누르는 것은 왜일까. 그것을 권위 있는 학자가 주장하고 있고 대학에서 강의로 이루어지고 있으니 설마 사기일 리 없다고 믿어 버리는 것이 그 이유 중 하나일 테다. 나는 이 효과가 확실히 크다고 생각한다. 하지만 그것뿐만은 아니라고 생각한다. 만약 그것만이 이유라면 좀 더 다양한 양식의 경제 이론이 분립해 있을 것 같지만 경제학의 실상은 이러한 유형의 이론이 거의 점거

했기 때문이다.

표준적 시장 이론 이외의 대항마로 적어도 과거에는 마르크스주의 경제 이론이 큰 세력이었다고 생각할지 모르지만 실은 마르크시즘도 똑같은 전제 위에 서 있다고 생각한다. 마르크시즘의 논점은 공평한 자유 경쟁에 기초한 시장 기구의 작동이 실은 불공평하고 착취를 낳고 있다는 데 있다. 즉 자유 경쟁에 기초한 시장 기구는 불공평과 공황 등의 문제를 포함하고 있다고는 하지만 그것 자체로서는 일단 작동한다는 것을 전제한다. 이를 인간을 소외시키는 '가치 법칙의 관철'이라고 한다. 그런데 가치 법칙이 관철되려면 시장 기구가 제대로 작동하지 않으면 안 된다. 그러면 앞에서 말한 세 가지 물리 법칙에 대한 부정이 필요하다.

게다가 마르크스주의 경제 이론이 착취 없는 교환 시스템으로 제안하는 것은 인간의 이성에 기초한 계획 경제다. 이것을 정확하게 작동시키기 위해서는 '무한의 계산 속도'와 '순간적이고 에너지를 이용하지 않는 정보 교환', '장래에 걸친 사전 계획 책정에 정확하게 기초한 경제 행위'를 필요로 하는데 이 세 가지는 그대로 상대성 이론, 열역학 제2법칙, 인과율의 부정이 필요하다.

표준적 시장 이론과 마르크스주의 경제 이론이 공통으로 추구하는 것은 무엇일까. 나는 그것을 인간의 자유라고 생각한다. 이렇게 말하면 놀랄 분이 계실지도 모르겠다. 표준적 시장 이론은 차치하더라도 마르크시즘은 자유 경쟁을 인정하지 않는 것이 아니냐고 말이다.

그러나 마르크시즘이 자유주의 경제학을 비판하는 것은 그것이 인간의 자유를 실현하지 못하기 때문이다. 표면상으로는 평등한 자유 경쟁으로 보이지만 실제는 "주사위는 사기"*이며 노동자의 자유가 내실을 기하지 못하고 자본의 사슬에 연결되어 있다는 주장이다. 혁명이 필요한 것은 인간의 자유를 실현하기 위함이다. 문제는 마르크시즘의 제안이 물리적으로 실현 불가능하며, 이것을 가능하다고 강변함으로써 보다 거대한 기만이 생기고, 그것이 인간의 억압으로 귀결되는 데 있다.


**자유는 사라지지 않는다**

표준적인 시장 이론이 적어도 그 의도로는 자유를 옹호하는 이론이라는 것에 반대하는 사람은 없을 것이다. 그것은 애덤 스미스 이래 경제학이 줄곧 표방해 온 테마다. 그래

---

* 마르크스는 『자본론』 제1권에서 "왜 노동자의 주사위는 불리한 눈만 내놓는가"에 관해 묻는다.

서 이 이론이 황당무계하다고 간주해 버리면 인간의 자유를 상실할 것 같은 기분이 드는 것이 아닐까.

그렇다면 내가 여기서 논하는 것이 설령 진실이라고 하더라도 표준적 시장 이론을 신봉하는 자들은 이를 인정하지 않으려고 할 것이다. 그보다는 오히려 프리드먼의 도구주의로 대표되는 연금술적 위장을 믿으려고 할 것이다. 물론 과학이라는 이름으로 이뤄지는 진리의 탐구로 인해서 인간의 자유가 손상될 정도라면 나도 연금술 쪽이 낫다고 생각한다. 그러니 물리 법칙을 밟아 뭉개는 황당무계한 시장 이론을 신봉하지 않아도 인간의 자유는 상실되지 않는다는 것을 명확하게 제시하는 것이 필요하다고 생각한다.

자유는 연금술 같은 것으로 지켜지지 않는다. 그것은 인간 본연의 존재 양상 자체와 관련된 것이고 보다 깊은 보편성을 가진다. 이와 동시에 그러한 보편성에 기초한 경제학이 과학으로서 성립될 수 있다는 것도 제시할 필요가 있다. 다음 장부터 이 문제를 정면으로 다루고자 한다.

# 2장
## : '선택의 자유'라는 감옥

### 선택의 자유와 합리적 개인

앞 장에서 현대 경제학의 '비과학성'을 확인함과 동시에 신앙처럼 추앙받는 시장 이론을 지탱하는 것으로 '자유'에 대한 사람들의 희구가 있음을 살펴보았다. 경제학에서 말하는 이 '자유'라는 것은 요컨대 '선택의 자유'이고, '선택의 자유'라는 것은 인간이 선택에 직면한 상황에서 가능한 선택지가 모두 제공되어 있음을 가리킨다. 그렇게 주어진 모든 선택지 중에서 자유의지에 기초해 합리적으로 선택을 하고 그 선택의 결과로 일어난 일은 그 사람이 책임진다는 논리다.

누군가에 대처하지 않으면 안 되는 책무로서의 책임은 이 선택을 통해서 생긴다. 역으로 선택의 여지가 충분하지 않으면 그 사람은 자유로운 것이 아니다. 선택지가 하나도 없는 극단적인 경우라면 그 사람은 강요당한 것이므로 그 결과에 책임이 없다. 혹은 어떤 이유로 합리성이 상실된 정신 상태에 있었다면 설령 선택의 여지가 있었더라도 책임이 없다.

경제학은 선택의 자유를 집행하는 합리적인 개인을 전제로 구성되어 있다. 그리고 그것은 경제학에만 국한된 것이 아니다. 서구에서는 이것이 합리적 사고의 일반적인 전제이며 여러 다양한 자유는 궁극적으로 '선택의 자유'의 문제로 인식된다.

이것은 '자유'에 관한 일본인의 사고방식과는 맞지 않을지도 모르지만 서구가 기원인 근대의 법률과 사회과학은 기본적으로 이런 가정하에 구성되어 있다. 그 때문에 '자유=선택의 자유'라고 따로 의식하지 않아도, 법률적 혹은 학술적 용어를 사용하면 자신도 모르는 사이에 이렇게 사고하게 되어 있다.

그런데 이 '선택'이라는 발상은 본질적인 문제를 안고 있다. 첫째, 그것은 인간을 제대로 파악하고 있지 않다. 둘째, 그것은 실행이 불가능하다. 즉 '선택의 자유'라는 발상은 현실의 인간이 가지는 사고 과정을 반영하지 않고 있고 게다가 실행 불가능한 부조리한 논리다. 이런 가정을 진지하게 받아들이면 세계가 부조리로 가득한 것처럼 보여서 '자유의 감옥'에 갇혀 버리고 만다.

이번 장에서는 경제 이론이라는 신앙을 지탱해 준 '자유'가 역으로 우리가 살아가는 데 '속박'으로 작용하고 있음을 내보이기 위해서 이 '선택'이라는 사상이 가진 본질적인 문제를 다루어 보고자 한다.


## 책임은 어디에서 생기는가?

미국의 철학자 허버트 핑가레트는 무엇 때문인지 일본에서는 거의 이름이 알려지지 않았다.* 핑가레트는 특이한 철학자다. 인간의 윤리라는 문제를 전문 용어를 남용하지 않고 정면으로 논의하기 때문이다. 그의 자전적인 글에 의하면 학창 시절에 배운 철학은 너무 추상적이어서 "내가

---

* 일본에서는 핑가레트의 저작 중 『공자: 신성한 세속인』이 유일하게 번역되어 헤본샤平凡社 출판사 라이브러리에 들어갔는데 오랫동안 절판된 상태다. 대학 도서관의 종합목록검색시스템을 찾아봐도 일본의 대학 도서관 중 이 책의 영문판을 소장하고 있는 곳은 불과 여섯 군데이고 2004년에 나온 논문집 『매핑 책임』Mapping Responsibility은 어디에도 소장되어 있지 않았다.
한국에도 핑가레트의 책은 『공자의 철학: 서양에서 바라본 예에 대한 새로운 이해』(서광사, 1991)가 유일하다.(옮긴이 주)

하는 것은 영원한 도움닫기일 뿐이며 윤리적 관심을 체계적으로 회피하는 것이고 밥상만 계속 차리며 한 입도 먹지 않는 것이라고 생각하게 되었다"*고 한다.

　그래서 핑가레트는 정신분석학 연구를 하게 되었고 또한 실존주의 등의 유럽 철학을 소화해 그것을 영미 철학의 전통인 명징성을 들어 논의하였다. 게다가 구체적인 문제와 접하는 것을 중시해 알코올 의존증과 구체적인 재판 장소에서의 개인의 법적 책임과 같은 문제를 연구하였다. 미국에서는 알코올 의존증을 '질병'이라고 간주하는 것이 일반적이라서 그것을 근거로 법적 책임을 피하는 경우가 많았지만, 핑가레트는 그것을 생활 방식의 문제로 인식해 그런 이유로 법적 책임을 면해서는 안 된다고 주장했다. 연방최고재판소의 판결에서 핑가레트의 논고가 인용되어 그의 주장이 세간의 분노를 샀다고 한다.**

　이러한 구체적 사안에 대한 연구뿐만 아니라 핑가레트는 구약성서의 『욥기』에 관해 깊이 고찰하였고, 나아가서는 인도의 성전 『바가바드기타』와 『논어』와 같은 동양의 고전을 함께 논하였다. 『논어』를 연구할 때는 한문을 공부해 직접 텍스트를 읽고 새로운 해석을 만들어 냈으며

---

* 메리 보크오버, 『규칙, 의식, 책임: 허버트 핑가레트에게 바치는 글』.
** 그의 퇴임 기념 논문집에는 이 문제를 다룬 『허버트 핑가레트: 과격한 수정주의 역사학자, 사람들은 은퇴하는 이 철학자에게 왜 그렇게 화를 낼까?』라는 논문이 수록되어 있다.

서구의 『논어』 연구 방향을 크게 바꾸었다고 알려져 있다.

　캘리포니아대학교 산타바바라의 철학 교수라는 높은 지위의 학자로 다수의 저작이 있으며 이만큼이나 다방면에서 활약하는데도 일본에서는 대수롭지 않게 여겨진 것이 희한할 따름이다. 알기 쉬운 말로 논의를 펼쳐 나가는 것이 철학자답지 않아서 그런 것일까? 이 도발적인 철학자는 '선택'이라는 개념에 관해 중요한 지적을 한다. 핑가레트는 '개인의 자율과 자유의 본질' 혹은 '자유 선택의 본질'에 관해서 다음과 같이 논하고 있다.

　'선택'choice이라는 문제를 철학적 관점에서 생각할 경우, 우리 대부분은 보통 어떠한 목적을 위한 수단·행위의 선정selection을 의미하는 것이라고 언외言外로 상정한다. 예를 들면 본래의 목적 그 자체가 분명하게 명시되지 않은 '선택'을 생각하는 경우에도 암묵적으로는 첫 번째 욕구의 대상이 있는 것으로, 분명한 목적이 있는 것으로 가정한다.

　예를 들면 A를 좋아하고 B는 싫어한다고 하자. 그러면 A를 선택한다. 이런 경우 선택의 대상도 욕구나 기호도, 그 모두 질적으로나 양적으로 확실한 것이 주어질 테다.

해야 할 일은 '단호한' 결정뿐이다.

선택은 어깨를 으쓱하고는 '전진'하는 몸짓과 결부되어 있다. 확실히 우리는 선택을 '갈림길'이라는 모양새로 떠올리곤 한다. 선택을 할 때 우리는 갈림길 앞에서 다음 걸음을 내딛기 위해 신중하든 경솔하든 어느 한 쪽의 길을 택하지 않으면 안 된다. '갈림길'은 사람을 '결단'의 순간에 둔다. 이것이 선택의 본질에 관한 성찰에 결정적 영향을 주기 십상인 정형화된 사고다.

―허버트 핑가레트, 『자아변혁』


이처럼 갈림길 앞에 서서 앞으로 나아가야 할 선택지가 주어져 있는 상태가 '자유'freedom이고 그것을 스스로의 의지로 과감하게 선택하는 것이 '자유의지'free will의 발로라는 것이 서구 사상의 고정된 사고다.

핑가레트는 나아가 '책임'response이라는 개념이 '선택'과 연결되어 있다고 지적한다. 예를 들어 양립하지 않는 도덕적 요청 중 하나를 선택해야만 하는 장면을 생각해 보기로 하자.

서구인은 거의 불가피한 고심 끝에…… 두 가지 무거운

책무가 양립할 수 없을 경우 선택하지 않으면 안 된다는 것을 강조한다. 그리고 이 숙명 안에 비극과 책임과 죄와 가책의 씨앗을 싹트게 할 수밖에 없는 결정적인 선택을 한다.

—허버트 핑가레트,『공자』


이러한 핑가레트의 논의는 다음과 같이 정리할 수 있다. 서구의 정형화된 발상에서는 인간은 종종 선택의 갈림길에 서게 되며 거기에서는 동등한 선택지가 주어진다. 여기서 스스로의 의지에 따라 선택지 중 하나를 고르는 것이 자유의 본질이다. 그 결과 발생하는 사태에 대해서는 선택한 본인이 책임을 지며, 그것이 비극을 불러일으키면 '죄'가 되어 양심의 가책에 시달린다. 앞에서 인용한 문장에 이어 핑가레트는 이 고정된 사고가 현실과 상응하지 못함을 지적한다. 일상적으로 이루어지는 자잘한 선택은 거의 습관과 루틴, 반사에 의해서 이루어지고 있다. 이에 비해서 드물게 이루어지는 중대한 선택은 때로는 갑자기, 때로는 서서히 이루어지는데 늘 본의 아니게 행해진다. 이러한 중대한 선택을 수행하는 경우, 망설임과 숙고 끝에 전체가 녹아들어 섞이며 하나의 의미 있는 패턴이 저절로 나타나서 "어떻게 해야 할지 지금 알았다", "무엇을 해야 할지 지금 알았다" 하는 형태로 "이것이 그것이다"라는 발견에 이른다. 이러한 결정은 이것저것 계산해서 이루어지는 것이 아니라 이미 결심이 선 자신을 자각하는 것이다. 이러한 창조적 발견은 '수동형'passive이다.

핑가레트가 지적한 것은 인간의 의사 결정은 의식과 무의식의 쌍방의 관여에 의해 실현되는 것이지 의식적인 판단만으로는 이루어지지 않는다는 것이다. 인간은 '이렇게 하자'는 형태로 결단하는 것이 아니라 '그렇게 되고 말았다'는 형태로 결단한다.


**무의식으로 발생하는 자기기만**

"그렇게 되고 말았다"는 것이 결단의 본질이다. 이와 같은 생각은 일견 '위험성'을 품고 있는 것처럼 보인다. 왜냐하면 "나는 그럴 생각이 없었는데 그렇게 되고 말았다"며 책임을 회피할 수 있기 때문이다. 이것이야말로 '자기기만'self-deception이라는 문제다.

핑가레트는 자기기만이라는 개념에는 철학적 난제가 있다고 말한다. '자기 자신에게 거짓말을 한다', '자기 자신을 호도한다', '스스로 거짓이라고 알고 있는 것을 믿는다' 는 것은 명백한 자기모순처럼 보인다. 그러나 이것은 모순도 아니고 아무것도 아니다. 모순처럼 여겨지는 이유는 '뭔가를 고려하거나 지적으로 대응할 때 우리는 자신이 하는 일에 주의를 기울일 것이 틀림없다'라고 하는 가정을 하기 때문이다. 이 가정은 애당초 틀린 것이며 우리는 많은 지적 판단이나 처리를 무의식중에 한다는 것이다. 그 예로서 핑가레트는 다음과 같은 사례를 들고 있는데, 조금 길지만 인용한다.

여기에 앉아서 글을 쓰는 이 순간 나는 펜과 잉크로 종이에 표현하고 있는 사상에 의식을 모으고 있다. 논의가 쉽게 이뤄지도록 좀 더 명확히 말하자면 내 주의력의 초점은 바로 그 시점의 내 생각에 맞춰져 있다. 그 초점은 종이 위에서 물리적으로 계속 생겨나는 말에도 맞춰지고 있다. 물론 나는 어떤 특정한 방식으로 펜을 쥐고 있고 그 펜대를 쥐는 방식은 내가 펜과 잉크로 글을 쓸 때 항상 사용하는 방식이다. 그러나 나의 주의가 펜을 쥔 내 손가락 위치에 있지는 않다. 적어도, 방금 펜을 쥐는 방식에 관해 생각하고 쓰기 전까지는 주의가 향하지 않았다.

나는 언제나 제대로 쥐고 있기는 한데, 말하자면 '생각하지 않고' 그렇게 하는 것이다. 이것은 '익숙함'이다. ······ 나는 이 모든 것에 계속 순응하고 있는데 그것은 생각 없이without thinking, 잠재의식으로subconsciously, 무심결에unconsciously 하고 있다. 이것은 다시 말해 내가 거기에 내 주의를 기울이지 않고 있다는 것을 의미한다.

—허버트 핑가레트, 『매핑 책임』

이처럼 상세하게 '쓰기'라는 행위를 묘사한 상태에서 핑가레트는 우리가 무엇인가를 지적으로 고려할 때조차도 그것에 주의를 기울이지 않은 상태에서 한다는 점의 중요성을 강조한다.

예를 들어 핑가레트는 글을 쓰고 있을 때 귀에 들리는, 자신과 관계없는 자동차 소리는 전혀 자각하지 못하면서 가족이 쇼핑에서 돌아올 때 나는 차 소리는 바로 알아차려서 펜을 내려놓고 짐 옮기는 것을 도우러 갈 수 있다고 말한다. 이 경우 실은 두 차 소리 모두 들리지만 자신과 상관없는 차 소리는 '관계없다'고 판단하고 신경 쓰지 않도록 하는 한편, 가족의 차 소리는 '관계있다'고 판단하고 알아차리도록 하고 있다. 이것은 신경 쓰지 않도록 하거나 신경 쓰도록 하는 판단을 스스로 '자각하지 않도록' 하는 것을 잘 보여 준다.

동일한 예로, 복수의 사람들과 파티에서 무리 지어 이야기를 나누는 장면을 생각해 보면 될 것이다. 그중 한 명과 당신이 진지하게 대화를 시작했다고 하자. 그러면 다른 사람이 아무리 큰 소리로 떠들어도 함께 이야기를 나누는 상대방의 목소리만 또렷이 들리고 다른 소리는 잡음이 되고 만다.

그런데 또 다른 누군가가 이야기에 개입하면 그의 목소리가 갑자기 또렷이 들린다. 이 경우 우리의 귀는 이야기 속으로 발을 들여놓아 어떤 사람의 목소리를 들어야 할지 판단해서 듣거나 또는 듣지 않게 전환하는 것을 별 자각도 없이 실행한다. 이것이 보통의 우리 마음 상태임을 인정하면 자기기만이 전혀 모순이 아님이 확실하다. 예를 들어 자신이 부끄러운 행위를 저질렀다고 하자. 그것이 주는 죄책감이나 가책으로 괴로울 때 그것에 주의가 쏠리지 않도록 잠재의식에서 판단해 자신이라도 모르게 하는 것은 충분히 가능하다. 그렇게 해서 의식을, 자신의 행위를 정당화할 수 있는 사정 쪽으로 맞추거나 옳은 일을 하고 있다고 눈가림하기도 한다. 이런 식으로 사람들은 책임을 회피한다.

그러나 이 책임 회피에는 대가가 따른다. 이렇게 회피해 버리면 자신이 행하는 현실을 애써 외면하게 되어 현실을 직시할 수 없다. 그렇게 되면 세상일을 보다 정교하고 창조적으로 다룰 수 없게 된다. 고통스럽더라도 자기 자신의 모습을 알 수 있는 가장 귀중한 기회를 상실한다.

핑가레트는 그러나 이러한 무의식의 작동을 무조건 비난하지는 않는다. "스스로를 속이는 일이 인간이 감당하기 어려운 재앙에 짓눌리지 않기 위해서라면, 심적으로 필요한 일일지도 모른다"고 옹호한다. 요컨대 '자기기만'이란 우리 고도의 무의식적 행동을 악용하는 것이다. 그것이 악용인지 아닌지는 상황에 따라 결정된다.

핑가레트는 이러한 자기기만에 빠지지 않고 자신이 무의식 중에 한 것도 반성하고 자기 본연의 자세를 가다듬는 것이 '책임을 지는' 일의 진정한 의미라고 한다. 여기에서 말하는 책임은 지금 자신의 모습에 대해 쭉 일관된 모습을 취하는 것이다.

책임을 져야 할 이유를 과거에서 찾으려고 하면 늘 "내 탓이 아니다"라는 말을 하고 싶어진다. 그러나 책임을 져야 하는 것은 과거가 아니라 현재 나 자신의 모습이다. "죄는 소급되고 책임은 앞으로 다가온다." 따라서 과거에 대한 책임은 미래를 위한 자신의 책임과 관련된 형태로 파생되어 일어나는 것에 불과하다.

핑가레트가 알코올 의존증인 사람을 '환자' 취급해 면책하는 것을 반대한 것은 이런 까닭이다. 그러한 사람들을 면책하면 자신을 스스로 해치고 남에게 피해를 주는 알코올 의존 상태를 반성하고 앞날을 위해 거기서 벗어나는 길을 막아 버리는 것이기 때문이다.


## 히틀러의 파괴성

자기기만의 전형적인 예로 들 수 있는 인물은 아돌프 히틀러다. 19세기 말에 태어나 20세기의 대부분을 산 사회심리학자 에리히 프롬은 히틀러를 다음과 같이 지적한다.

> 히틀러는 자신이 독일에 최선인 것을 소망하고 있다고 의식적으로 믿고 있었다. 그것은 독일의 위대함이자 독일의 건승이고 독일의 세계적 의의이며 그 밖의 온갖 것들이다. 그는 잔인함이 극에 달하는 명령을 내렸지만 확실히(우리가 알 수 있는 한에서는) 뭔가 잔인한 일을 한다는 자각은 전혀 없었다. 그가 늘 자각하던 것은 자신의 행

위는 독일을 구하기 위한 염원 때문이라는 것과 운명이라는 이름으로, 인종이라는 이름으로, 신의神意라는 이름으로 역사의 법칙을 실현하기 때문이라는 것이다.

그런데 그는 자신이 파괴의 욕망을 가진 인간임을 의식하지 못했다. 그는 쓰러진 병사들과 파괴된 지붕을 직시하지 못했다. 그 때문에 제2차 세계대전 중 결코 전선에 나가지 않았다. 개인적인 '두려움' 때문이 아니다. 오히려 자기 파괴욕의 구체적인 결과를 직시하는 것을 견딜 수 없었다. …… 히틀러는 자기 파괴욕의 실체를 보지 않으려 그것을 억누르며, 자신의 선의만을 체험한 것이다.

―에리히 프롬, 『인생과 사랑』*

이 히틀러의 사례는 인간이라는 생명체가 가진 자기기만의 능력이 매우 놀랄 만한 것임을 잘 보여 준다. 전 세계를 전쟁의 불길로 휘감아 수만 명의 사람을 죽음으로 몰아넣은 심각한 파괴욕을 본인은 전혀 모를 수 있다.

핑가레트는 『자기기만』이라는 책의 첫머리에서 '인간이 가진 자기기만의 거대한 능력'을 정면에서 다루는 것이 인간의 모습을 그려내는 데 특히 중요하다고 지적했다. 이러한 사실을 무시하고 합리적 선택에만 논의를 한

* 이 책은 한국에 『악悪에 대하여 / 인생과 사랑 / 희망의 혁명 / 불복종과 자유』(동서문화사, 2020)라는 이름으로 출간되었다.(옮긴이 주)

정한다면 인간과 사회에 관해 합리적인 논의를 하는 것은 불가능하다. 합리적 선택의 범위 내에서 합리적 선택을 구성하는 것에 매달린다면 그것은 연금술이나 다름없기 때문이다.


### 엔데가 그리는 '자유의 감옥'

독일의 작가 미하엘 엔데가 쓴 「자유의 감옥」이라는 단편소설이 있다. 무대는 전근대의 바그다드. 주인공은 '인샬라'(신의 뜻대로)라 불리는 눈먼 걸인이다. 이 걸인이 교주 앞에서 자신의 무시무시한 체험을 말한다.

이 남자는 젊은 시절 생기 넘치는 힘으로 가득 차 자만심으로 우쭐대는 사람이었다. 그래서 '그리스의 술과 돼지 요리를 즐기는 생활'에 빠져 '인간에게는 자유로운 의사가 있으며 자신의 재량으로 자신 안에서 선과 악을 만들어 낸다'고 굳게 믿기에 이르렀다. 이로 인해 신으로부터 벌을 받아 이브리스(이슬람의 마왕)의 유혹을 받는다.

남자는 아름다운 무희로 변신한 이브리스에게 유혹당해 기이한 장소에 갇힌다. 그곳은 커다랗고 둥근 돔형의 건물이었는데 중앙에는 둥근 침대가 있었다. 그 원형의 벽에는 111개나 되는 똑같은 모양을 한 문이 열을 지어 늘어서 있었다. 이 남자의 귀에 이브리스의 목소리가 쉼 없이 들렸다. 그 목소리는 서로 구별이 안 되는 수많은 문 중에서 한 개의 문을 고르도록 계속 재촉했다. 목소리는 다음과 같이 경고하였다.

"어떤 문 뒤에는 피에 굶주린 사자가 기다리고 있다가 너를 갈기갈기 찢어 죽일지도 모른다. 또 다른 문 너머는 한없는 사랑의 환희를 그대에게 주려는 요정들로 가득한 정원일 수도 있다. 세 번째 문 뒤에는 덩치 큰 흑인 노예가 불길하게 번쩍이는 검을 들고 너의 목을 베려고 할지도 모르지. 네 번째 문 뒤에는 심연深淵이 입을 벌리고 있으니 너는 거기로 떨어질지도 모른다. 다섯 번째 문 뒤에는 금과 보석이 가득 든 보물상자가 있어 너의 것이 될지도 모른다. 여섯 번째 문 너머에는 무서운 식인귀가 너를 먹으려고 기다리고 있을지도 모른다. 다른 문들도 모두 그런 식이다. 꼭 그렇다고는 할 수 없지만 그럴지도 모른다는 것이지. 알겠는가. 여기서 그대는 자신의 운명을 스스로 선택하게 될 것이다. 좋은 운명을 잘 골라 보게."
—미하엘 엔데, 『자유의 감옥』*

★ 이 책은 한국에 『자유의 감옥』(에프, 2016)이라는 같은 제목으로 출간되었다.(옮긴이 주)

이 111개의 문에는 자물쇠가 채워져 있지 않으니 이 남자는 갇혀 있는 것은 아니다. 그러나 이 문 중 하나를 여는 순간, 다른 문들은 모두 영원히 닫힌다. 게다가 어느 문이나 똑같아서 어떤 단서도 없다.

"다시 말해, 확실한 선택을 할 가능성은 하나도 없는 것인가?" 나는 울먹이며 말했다.

"전혀 없지. 네가 자신의 자유의지로 선택하는 한."

"하지만, 왜!" 절망스러운 심정으로 나는 외쳤다. "어떻게 결정할 수 있겠나? 문이 어디로 통하는지도 모르는데."

마른 잎이 바람에 흩날리는 듯한 소리가 났다. 그것은 형체 없는 웃음처럼 울렸다.

"그걸 알고 있던 적이 한 번이라도 있었던가? 태어나서 지금까지 그 모든 것, 너는 이것저것 결정할 때마다 이유가 있다고 믿었지. 하지만 실제로는 네가 기대하는 일이 진짜 일어날지 아닐지는 한 번도 예상할 수 없었을 거다. 너의 그 이유라는 건 꿈이나 망상에 지나지 않았어. 마치 여기 이러한 문들에 그림이 있고 그것이 속임수의 지표가 되어 그대를 속이는 것과 같다. 인간은 맹목일 수밖에 없기에 인간의 행동은 늘 암묵 속에서 이루어진다."

"알지." 나는 맞장구쳤다.

"그래서 인간이 결정하는 것은 모두 이 세상의 시작 이전부터 알라의 섭리에 따라 예정되어 있다는 거야. 좋은 것이든 나쁜 것이든, 어리석은 것이든 현명한 것이든, 네가 하는 결단이란 결단은 전부 알라가 간여한 것이지. 알라는 마치 장님의 손을 잡듯이 너를 마음대로 이끌 것이다. 모든 것은 알라가 정한 것이라지 않은가. 그리고 그것은 알라의 크나큰 은혜라는 것도. 하지만 이곳의 너에게는 알라의 은혜가 미치지 않아. 알라의 손도 너를 이끌어 주지 않을 거야."

이 자유의 감옥에서 남자는 오로지 망설임만 반복하며 끝없는 시간을 흘려보냈고 급기야 지쳐서 문에 대해서는 생각하지 않게 된다. 그러자 111개나 있었던 문이 84개로 줄었고, 문은 남자가 눈을 뜰 때마다 계속 줄었다. 이윽고 양쪽에 하나씩만 남은 문과 마주하게 되었다. 그래도 남자는 선택할 수 없었다. 그리고 마침내 문이 하나만 남았을 때 '그곳에 남을 것인가, 아니면 떠날 것인가' 결정해야만 했다. 남자는 그곳에 남았다.

다시 눈을 떴을 때 문은 모두 사라졌다. 둥근 벽은 희고 밋밋하기만 했다. 그리고 이브리스의 목소리도 드디어 멈췄다. 남자는 바닥에 얼굴을 묻고 울면서 말했다.

"더할 나위 없이 자비심 깊고, 고상하며, 존귀한 분이여. 자기기만을 모조리 물리치고 거짓의 자유를 내게서 거둬 갔다. 이미 선택할 수 없고 선택할 것도 없어졌으니 모든 자유의지에 영원한 이별을 고하고 불만 없이 이유 없이 당신의 성스러운 뜻에 따르겠다. 나를 이 감옥으로 이끌고 이 벽 안에 영원히 가둔 것이 당신의 손이라면 나는 만족하리라. 우리 인간은 당신에 의해 인도되는 장님이라는 자비가 주어지지 않는 한 머물 수도, 떠날 수도 없다. '볼 수 없다'는 것은 우리를 이끄는 손. 나는 이제 자유의지라는 망상을 영원히 손에서 놓겠다. 자유의지라는 것은 제 몸을 먹어 치우는 뱀과 다름없기 때문이다. 완전한 자유라는 것은 완전한 부자유라는 것을 알았다. 불안과 지혜라는 것은 모두 전능하신 유일한 자 알라에게만 있고 그 밖은 '없음'에 지나지 않는다."

이렇게 말한 뒤 남자는 의식을 잃었고, 다시 정신을 차렸을 때는 눈먼 걸인이 되어 바그다드 성문 아래 쓰러져 있었다.

## 감옥 속의 두 가지 자유

이 이야기는 너무나도 엔데다운 시사점으로 풍부하다. 무엇보다도 흥미로운 점은 다수의 문이 붙어 있는 이 기이한 방이 핑가레트가 말하는 선택에 관한 서구의 고정된 사고를 아주 훌륭하게 표현하고 있다는 점이다. 역자인 타무라 도시오가 말하듯 무대가 바그다드이긴 하지만 '전능한 신'과 '인간의 자유' 사이의 모순에 관한 크리스트교 신학의 영원한 난제를 다루는 이야기다.

주인공에게는 완전히 본질적으로 동등한 111개의 선택지가 주어지고 그것이 '완전한 자유'라고 생각하게끔 한다. 즉 자유라는 것은 '선택의 자유'를 의미한다. 가능한 선택지가 모두 주어져 있으면 그 사람은 '자유'이고 따라서 그 상태에서 선택한 문을 열어서 일어난 결과는 문을 연 당사자가 받아들여야 한다. 이것이 '책임'지는 것이고, 이렇게 해서 자유와 책임이 연결된다.

역으로 선택지의 일부가 선택 불가능한 것이면 자유가 제약된 것이다. 그렇게 해서 어쩔 수 없이 선택한 문을

연다면 거기서 일어난 결과에 대해서는 책임이 면제된다. 잘 훈련된 철학자와 사회과학자, 법률가를 제외하면 일본인이 '자유'라는 말에서 다수의 문에 붙어 있는 방을 상상하는 일은 거의 없다. 우리가 '자유'라는 말로부터 떠올리는 것은 예를 들면 '후텐 도라'*フーテンの寅와 같은 이미지다. 세상의 얽매임과 굴레에 묶이지 않고 바람이 부는 대로 마음이 가는 대로, 내일 일을 알 수 없는 몸이면서도 두려움을 안는 일도 없이 떠돌아다니는 방랑객이다. 이 자유의 이미지는 역사가 아미노 요시히코網野善彦의 '무연'無緣이라는 개념과 밀접한 관계가 있다.**

일본어의 '자유'가 주는 이미지가 연고가 없는 사람과 같다면 그것이 '책임'과 결부되는 것은 생각할 수 없다. 왜냐하면 일본어의 '책임'이라는 말은 아무리 싫어도 그 자

---

* 일본 영화 『남자는 괴로워』의 주인공 도라 지로의 애칭이다. '후텐'은 여러 장터를 정처 없이 떠돌며 물건을 파는 장수를 가리키는 말이다. (옮긴이 주)

** 아미노 요시히코는 저서 『무연·공계·악』無緣·公界·樂(헤본샤, 1996)에서 일본 사회에 뿌리 내린 자유의 근원을 파헤치다 중세 문서 속 '무연', '공계', '악'이라는 세 가지 말을 찾았다. 이 세 가지는 각각 뉘앙스가 다른데 이 중에서 가장 중요시되는 것이 무연이다. 사람과 사람 사이 이어진 '인연'이 속박으로 바뀌었을 때 그것에서 벗어나 '연 끊기'를 하려는 인간의 본원적 충동을 바탕으로 무연은 성립한다. 이 연 끊기를 가능하게 하는 사회적인 관습과 제도가 무연의 세계를 창출한다. 이 개념은 '선택의 자유'를 넘어서서 사색을 펼치기 위한 열쇠를 제공해 준다고 생각해도 좋은데 이 책에서 그것을 기술할 여유는 없고 앞으로의 과제로 삼는다. 그 기초적인 고찰은 야스토미 아유미의 『무연·화폐·속박』을 참고하라.

리에 머무르며 주어진 '역할'을 수행하는 것이기 때문이다. 역할을 수행할 수 없는 자는 '도움이 되지 않는' 자로, 사람 취급을 받지 못해도 불만을 가질 수 없다. 예를 들면 사전의 '책임' 항목에는 "입장상 당연히 져야 하는 임무와 의무"라는 설명이 나와 있다. 일본어의 책임은 '입장'에서 생기는 것이지 '선택'에서 생기는 것이 아니다. 일본인에게 '자유는 책임을 수반한다'와 같은 말이 전혀 와 닿지 않는 것은 당연하다. 이 말을 듣고 겨우 드는 생각은 '인간을 자유(=무연)롭게 하면 무엇을 할지 모르니 조금은 책임(=연)으로 묶어 둘 필요가 있다는 말이구나'라고 이해하는 정도이다.

'자유'는 공동체에 귀속하지 않고 떠도는 인생과 연결되고 '책임'은 공동체에 귀속해서 정주하는 인생과 연결된다고 생각하는 사람에게 핑가레트가 말하는 갈림길과 엔데의 엄청난 문들이 있는 방을 생각하는 것은 오히려 부자연스럽다.

'공동체'에 관해서는 6장에서 좀 더 자세히 보기로 하고 여기서는 엔데의 이야기를 조금 더 살펴보자. 이 이야기의 흥미로운 점은 또 있다. 엔데의 주장으로는 선택의 자유라는 것은 실은 속임수이며 결국 본질적인 선택 같은 건 애당초 불가능하므로 합리적 선택에 쫓기는 현대인은 '자유의 감옥'에 갇혔다는 것이다. 문의 개수가 무수히 많으니 그 상태에서 옳다고 생각하고 골랐어도 기대한 결과가 나올 일이 없다는 지적은 수리과학의 관점에서 본다면 실로 옳다.

첫 번째로 이미 진술한 계산량 폭발이라는 문제가 있어서 현실 문제에 대한 대처를 생각하려고 하면 선택지의 숫자가 말도 안 되는 수가 되고 말기 때문이다. 엔데의 이야기에서는 111개의 문이라는 숫자가 '광기'를 내보이는데 이것은 계산량 폭발의 문제를 가리킨다고 해석할 수 있다.

두 번째로 '비선형성'이라는 문제가 있다. 선형성은 대략적으로 말하면 원인 a가 결과 A를 초래하고 원인 b가 결과 B를 가져오는 경우 원인(a+b)이 결과(A+B)를 가져온다는 관계가 유지되는 상황이다.

방은 빗자루로 청소하면 깨끗해지고 걸레로 청소해도 깨끗해지므로 걸레와 빗자루로 함께 청소하면 좀 더 깨끗해진다. 이런 논리는 대략 선형성의 정의를 만족한다고 간주할 수 있다. 하지만 염소 계열의 표백제로 화장실이 깨끗해지고 산성의 세제로도 화장실이 깨끗해지니 두 개를 혼합하면 좀 더 깨끗해지는가 하면 그렇지는 않다. 그렇게 하면 염소가스라는 아주 강력한 독가스가 발생해서 잘못하면 죽을 수도 있다. 이것은 비선형 현상이다.

만약 당신이 앞으로 러브레터를 쓸 가능성이 있다면 그것 또한 비선형성이 강하니 주의하는 편이 좋다. 물론 러브레터를 쓰면 상대가 돌아봐 줄 가능성이 올라간다. 선형적 발상을 이런 것에 적용해 보면 편지를 한 통 쓰는 것보다 두 통 쓰는 것이 두 배 돌아볼 수 있게 하는 셈이다. 그러면 백 통 쓰면 백 배, 천 통 쓰면 천 배로 상대방이 돌아봐 준다는 것이다. 하지만 이런 우둔한 발상을 실행에 옮기면 상대방이 돌아보기는커녕 경찰에 신고나 당할 것이다. 세상은 비선형성으로 가득해서 이렇게 하면 이렇게 될 것이라고 생각한 일이 그대로 실현되는 일은 드물며, 오히려 생각지도 못한 일이 일어나서 말도 안 되는 결과로 연결되는 일이 더러 있다.

계산량 폭발과 비선형성이라는 두 가지 문제는 '선택의 자유'라는 개념을 무의미하게 만든다. 선택의 문은 무수히 있으며 게다가 문에 그려진 그림은 속임수이다. 선택지가 충분하다는 것에 얼마큼의 의미가 있을까? 선택지가 충분한 상황에서 문을 연 결과를 책임지라고 말하는 것도 불가능한 요구이다. 책임을 강제한다면 그것 또한 '자유의 감옥'이다.

세 번째 흥미로운 점은 선택의 자유가 무의미하다고 깨달은 주인공이 이번에는 모든 것이 신에 의해 이미 사전에 결정되어서 그 이끎에 따르는 것 이외에 인간이 할 수 있는 일은 없다는 극단적인 결론으로 점프하는 것이다.

'자유의 감옥'을 벗어나서 눈먼 걸인이 된 주인공은 '신의 뜻대로'라는 의미의 '인샬라'라는 이름을 내걸고 자신은 '사람이 받을 수 있는 최상의 것을 갖고 있다'고 생각한다. 즉 신의 뜻에 맹목적으로 따르는 것이야말로 진정한 자유라는 것이다. 그러나 나는 이런 결정론적 우주관을 받아들이고 싶지 않다. 왜냐하면 나중에 보게 되듯이 이 생각이야말로 인류를 멸망으로 이끄는 모든 악의 근원이기 때문이다. 우리는 이 이야기가 말해 주는 '선택의 자유'도 '신의 뜻에 따르는 자유'도 모두 받아들일 수 없다.


**서구적 자유의 행방**

인간의 자유를 '선택의 자유'로 보는 관점은 서구 사상의 근본에 깔려 있다. 이 전제 없이 '자유'를 이야기하는 것은 거의 불가능한 것처럼 보인다.

　그런데 엔데의 이야기가 보여 주듯이 그러한 자유는 인간을 자유의 감옥에 몰아넣고 만다. 그 공포를 견딜 수 없으면 전지전능한 신에게 복종함으로써 정신의 평안을 추구하게 된다. 문이 하나도 남지 않고 전부 사라져 버린 것을 신에게 감사하는 엔데의 이야기 속 주인공처럼 말이다. 이 모두가 인간의 정신을 위한 자유를 박탈하는 위험한 사상이다.

　다음 장에서는 이러한 자유라는 관념이 자기 붕괴하는 역동성에 관해 말하고자 한다. 여기서 내가 근거하는 것은 에리히 프롬과 마이클 폴라니의 사상이다. 그들의 견해는 다소 이단이긴 하지만 그런 만큼 일의 진상을 알려준다. 그들의 사고는 자유주의 경제가 대공황으로 붕괴하면서 그 안에서 나치와 같은 전체주의가 번성하고 나아가 제2차 세계대전 후에 소련을 중심으로 하는 사회주의 국가들이 세력을 확장하는 시대에 펼쳐졌다. 왜 이러한 자유주의의 붕괴가 일어났는가, 그 까닭을 탐구했던 그들은 인간의 본성에 반한 자유의 개념에 근본적인 문제가 있음을 발견했다.

3장
: 근대적 자아의 신학


**'선택의 자유' 배후에 있는 것**

앞 장에서 살펴본 것처럼 서구적 문맥에서는 인간의 자유를 말할 때 선택이라는 개념 없이 자유에 관해 말하는 것이 거의 불가능한 것 같다.

　　이 장에서는 먼저 에리히 프롬의 『자유로부터의 도피』에 의거하면서 '선택의 자유'의 종교적 배경에 관해 생각해 보고자 한다. 물론 그것은 종교에 한정할 이야기는 아니다. 내가 제시하려는 것은 우리가 경제와 정치와 같은 장면에서 입에 담는 '선택', '자유', '책임'과 같은 말들이 크리스트교적 색채를 짙게 띠고 있어서 그것이 큰 인식상의 장애가 된다는 것이다. 이 색안경을 끼고 보면 생생한 현실을 보는 것이 불가능해서 거기에서 벗어나지 않고는 현대의 여러 문제에 관해서 제대로 된 사고를 펼치기가 어렵다.

프롬은 자애self-love와 이기심selfishness이 전혀 달라서 이기심은 강박신경증적 성질을 띤다고 지적한다. 그리고 근대인의 '자아'가 '사회적 자아'에 지나지 않다고 말한다. 이 관점에서 이른바 시장 경제 이론이 인간이 신을 맹목적으로 따른다는 프로테스탄트적 세계관과 친화성이 높음을 확인한다.

그리고 폴라니의 '회의懷疑에 의한 자유의 자멸'이라는 관점을 도입한다. 폴라니에 의하면 근대의 자유는 종교 전쟁의 반동 위에 출현하였다. 그것은 당초 신앙에서의 신념이라는 것이 근거를 찾기가 불가능하므로 타인에게 강요해서는 안 되는 관용의 논리로 제시되었다. 그 자유는 어디까지나 신앙에서의 선택의 자유에 한정되어 있었다.

그런데 그 회의를 속속들이 하다 보면 어떠한 윤리적 신념 또한 근거를 가질 수 없다. 그 결과 부끄러움을 모르는 허위와 폭력의 체계에도 고결한 윤리와 동등한 지위가 부여되었다. 그런데 이러한 폭력적 사회에서는 관용이 살아남을 여지가 없으므로 '관용의 논리'로서의 자유주의는 20세기 전반의 유럽 대륙에서 어이없이 붕괴하였다.

　　여기서 제시하고자 하는 것은 근대적 자아를 지탱하는 것은 순수한 합리성 같은 것이 아니라 오히려 광신적이라고 할 수 있을 정도의 신학적인 갈망이라는 것이다. 이 특수한 유럽적 신앙이 우리를 속박하고 있다.


### '실낙원'이라는 신화

1941년에 『자유로부터의 도피』를 출판한 시점에서 프롬은 '선택'이 인간에게 본질적인 행위라는 서구의 고정된 사고를 명확하게 받아들인다. 프롬은 다음과 같이 말한다.

　　인간은 존재하기 시작할 때부터 어떤 행동을 취할 것인가의 선택에 직면한다. 동물의 경우에는 연속적인 반응이 사슬처럼 이어진다. 예를 들면 '굶주림' 같은 자극으로 시작해서 그 자극이 낳은 긴장을 해소하는 것과 같은, 여하튼 다소 엄밀하게 결정되는 행동으로 끝난다. 인간의 경우에는 그 사슬이 끊어져 있다. 자극은 존재하지만, 그것을 만족하는 방식은 '정해져 있지 않'아서 인간은 다양한 행동 중 하나를 선택해야 한다.

—에리히 프롬,『자유로부터의 도피』*

이러한 '동물=반응', '인간=선택'이라는 대립을 현대의 생물학자는 지지하지 않을 것이다. 오늘날 생물은 쉴 새 없이 의사 결정을 수행하고 있다고 생각하는 것이 일반적이다. 따라서 인간의 본질을 '선택'에서 구하는 언명은 프롬이 이 책을 쓴 1941년 당시의 이데올로기를 반영한 것에 지나지 않는다. 게다가 프롬이 '인간과 자유의 근본적인 관계에 관해서 특히 웅변하는 것은 인간의 낙원 추방이라는 성경 속 신화인 '실낙원' 이야기다. 에덴동산의 아담과 이브는 완전한 조화 속에 살고 있었는데 먹는 것이 금지되었던 선악의 지혜 열매에 손을 대는 '선택'을 하면서 낙원에서 추방되었다. 신이라는 권위의 명령에 반항해 죄를 범하는 이 행위는 인간의 모든 비참을 만들어 냈지만 그와 동시에 긍정적으로는 인간 최초의 자유로운 행위라고 프롬은 말한다.

사상사적으로 자취를 더듬어 확인하는 것은 나의 역량을 훨씬 뛰어넘는 일이지만 프롬의 이 실낙원 신화의 해석은 각별히 특이하지는 않다고 봐도 좋을 것이다. 그리고

---

★ 이 책은 한국에『자유로부터의 도피』라는 같은 제목으로 여러 출판사에서 출간되었다.(옮긴이 주)

선택을 인간의 본질로 보는 이데올로기와 이 이야기는 무관하지 않다.

물론 이것은 '선택의 자유'라는 개념의 기원이 성서에 있음을 보여 주는 것은 아니다. 예를 들면 플라톤, 아리스토텔레스는 '자유'를 한 인간의 고유한 속성으로 삼아 체계적인 논의를 펼친 것은 아니지만 이와 함께 행위, 선택, 책임 등을 논의하고 있어 이것이 후세에 영향을 주었다고 볼 수 있기 때문이다.**

그럼에도 서구 세계에서 '선택'이 이렇게까지 중요한 위치를 차지하고 있는 배경으로 이 신화의 존재를 가져오는 것이 잘못은 아닐 것이다.


### 프로테스탄트의 세계관

에리히 프롬은 똑같은 크리스트교라도 가톨릭과 프로테스탄트 사이에는 인간의 자유에 관한 중대한 견해 차이가 있음을 강조한다.*** 종교 개혁 이전의 가톨릭 신학에서는 인간의 특성은 아담의 죄로 추락했지만 원래는 선을 추구하며 인간의 의지는 선을 추구하는 자유를 가진다고 본다. 인간의 노력은 자신의 구제를 위해 도움이 되며 그리

---

** 다나카 하루오, 『자유론의 역사적 구도』.
*** 이하의 논의는 프롬의 『자유로부터의 도피』에 바탕을 두었다.

스도의 죽음이라는 공적을 바탕으로 두어 교회에서 '거룩한 일'이라 불리는 일련의 의례를 통해 죄인은 구원받는다고 여겨졌다.

이러한 입장에서 본다면 인간이 해야 할 일은 인생의 갈림길에서 옳은 선택지를 택하도록 노력하는 것이다. 그른 길로 들어서 잘못된 행위를 하면 후회하고 죄책감에 시달린다. 순수하게 윤리적 경험으로 벌을 받는다면 혹은 노력해서 공덕을 쌓는다면 그것은 윤리적 빚을 갚는 것이 된다. 경우에 따라서는 면죄부를 구입함으로써 윤리적 빚을 갚는 데 일조하는 것도 가능하다. 이렇게 해서 죽을 때까지 영혼의 추악함을 어느 정도 수준까지 낮출 수 있다면 순조롭게 합격해서 천국에 갈 수 있다.

이에 비해서 마르틴 루터와 장 칼뱅으로 대표되는 프로테스탄트의 신은 좀 더 가혹하고 박정하다. 루터의 근본 개념 중 하나는 인간 본성이란 저절로, 불가피하게 악이며 배덕의 기질을 가졌다는 것이다. 인간성은 타락했으며 선을 고르는 자유는 완전히 결여되어 있다. 구원받을 수 있는 유일한 길은 자기 자신이 어쩔 수 없이 변변찮은 생명체임을 인정하는 것이다. 자신의 노력으로는 어떠한 선도 이룰 수 없다는, 인간의 부패와 무력을 굳게 믿는 것이 신의 은총이 성립하는 본질적인 요건이다.

칼뱅은 루터보다 한층 더 혹독하고 박정한 신을 상정한다. 구제를 받을지 영겁의 벌을 받을지는 인간이 이 세상에서 선행을 쌓았는지 악행을 범했는지의 결과가 아니라 인간이 태어나기 전부터 신에 의해서 예정되어 있다. 신이 왜 모든 인간을 구제하지 않고 그런 지독한 '선택'을 하는가 하면 단지 신의 무한한 힘을 보여 주고 싶어서일 뿐이라니 정말로 심술궂다.

게다가 칼뱅은 한층 더 심술궂은 설정을 준비해 두었다. 개인은 자신의 행위로 운명을 바꿀 수는 없지만 자신이 선택된 자라는 증거를 찾는 것은 가능하다는 설정이다. 이것은 인간이 신의 기대를 저버리지 않도록 끊임없이 노력하지 못한다면 그것 자체가 자신이 구원되지 못하는 증거가 된다는 위협이다.

이러한 칼뱅의 교의에서 인간의 노력은 그 목적을 상실하고 자기목적화된다. 완전히 무력하므로 자기 스스로 구제를 위해 할 수 있는 것은 아무것도 없지만 혹여 게으름을 피운다면 그것은 자신이 구원받지 못한다는 증거가 된다. 이 무서운 증거를 추궁받지 않기 위해서라도 늘 뭔가에 몰두해서 계속 노력하지 않으면 안 된다. 이러한 인간의 자기 목적화된 노력은 강박신경증적이라고 프롬은 말한다.

　프로테스탄트적인 세계관에서 선택은 그것 자체로서는 의미를 갖지 않는다. 칼뱅은 『기독교 강요』에서 "만약 사람들이 자기 자신에 따른다고 하면 그것은 그들을 파괴하는 가장 무서운 해독을 가져올 것이다. 따라서 자기 스스로 뭔가를 알거나 갖고 싶어 하지 않고 우리 앞을 나아가시는 신에 의해 이끌리는 것만이 구제의 피난소를 얻을 것이다"*라고 말한다.

　이러한 프로테스탄트적 지평에서 인간은 자신의 무력함과 인간성의 죄악성을 철저하게 받아들이고 생애 내내 그 죄업을 갚는다고 생각하며 극도의 자기 비하와 끊임없는 노력으로 자기희생과 철저한 금욕으로 자신이 구원받지 못할지도 모른다는 의심과 불안을 극복해야 하는 존재가 된다. 여기서 인간은 자신을 무가치한 존재로 여기고 인간을 넘어선 목적에 복종하는 것을 옳다고 여기게 된다.

　이상과 같은 프롬의 이해에 따르면 앞 장에서 인용한 엔데의 이야기에서 주인공인 인샬라가 도달한 사상은 실로 프로테스탄트적이다. 단, 자유의 감옥에 갇힌 주인공의 각성 이전의 모습은 선택의 자유가 있다고 해서 가톨릭적

---

* 칼뱅, 『기독교강요』, par. I. 이 인용은 기존의 영어 번역본에 불만을 가진 프롬이 라틴어 원전을 직접 영어로 번역한 것을 저자가 다시 번역한 것이다.(옮긴이 주)

이라고 볼 수는 없다. 왜냐하면 이 주인공은 '선'을 추구해서 선택지에 직면한 것이 아니라 이기적인 선택을 하는 것에 지나지 않기 때문이다. 이러한 모습은 경건한 가톨릭교도라기보다는 근대적 이기주의자의 모습이다.

### 자기애와 이기심의 차이

여기서 기이한 점은 현대에서 '선택의 자유'를 중시하는 사회의 대표 격이라고 할 영미권이 가톨릭계가 아니라 프로테스탄트계라는 점이다. 게다가 근대인이 자기희생과 금욕이라는 프로테스탄트적 행동이 아니라 극단적인 이기주의에 기초한 자기 이익을 위해 움직이는 것처럼 보이는 사실과도 모순된다. 이 모순을 해결하기 위해 프롬은 '자기애'와 '이기심'의 차이를 밝힌다. 프롬은 먼저 '자기애=이기심'이라는 생각이 틀렸다고 지적한다.

> "루터와 칼뱅 그리고 칸트와 프로이트의 사상 저변에 깔려 있는 가정은 이기심과 자기애를 동일한 것으로 보는 생각이다. 타인을 사랑하는 것은 덕이고 자신을 사랑하는 것은 죄악이다. 나아가 타인에 대한 사랑과 자신에 대

한 사랑은 서로 양립할 수 없다."

—에리히 프롬, 『자유로부터의 도피』

그러면서 프롬은 이러한 생각에 대해 "이것은 이론적으로 사랑의 본질에 대한 잘못된 생각"이라고 말한다. 그럼 왜 잘못된 것일까. 그것은 '사랑'이라는 것이 애당초 특정한 대상이 "불러일으키는 것"이 아니라 "인간 안에 머물며 아지랑이가 낀 것처럼 몽롱한 것"a lingering quality in person이고 "원칙적으로 우리 자신을 포함하여 얼마든지 모든 인간과 사물을 향하도록 준비되어" 있기 때문이다.

사랑이 어떤 특정한 대상만 향하도록 보여도 그것은 '어렴풋한 사랑'lingering love이 특정한 인물과 사물에 집중해서 표현되는 것이니 배타적인 것이 아니다. 이러한 '어렴풋함'은 당연하지만 자기 자신에게도 영향을 미친다. 그것이 '자기애'다.*

'어렴풋함'에 대립하는 것은 '배타적인 사랑'exclusive love이다. 프롬은 "배타적인 사랑이라는 것은 그것 자체가

---

\* linger라는 동사는 '필요 이상으로 오랫동안 머물러 있다', '우물쭈물하다'는 의미이다. 이것을 "아지랑이가 낀 것처럼 몽롱하다"고 번역한 것은 사회학자 히다카 로쿠로다. 히다카가 번역한 것은 하나하나의 문장을 보면 질릴 정도로 오역이 많은데 전체로는 이 책의 뉘앙스를 왜곡시키지 않고 번역하였다. 이 "아지랑이가 낀 것처럼 몽롱하다"는 번역어도 문제는 있지만 그 원어의 분위기는 제대로 포착했다고 할 수 있다. 그렇다고는 하지만 너무나도 잘못된 번역이 많아서 이 책에서는 원문에서 직접 번역해서 인용했다.

하나의 모순이다"라고 말하고 "오직 한 사람에게만 느낄 수 있는 사랑은 바로 그 사실 때문에 사랑이 아니라 가학-피학적 집착일 뿐'이라고 엄하게 지적한다.

이른바 낭만적인 사랑으로 상정되는 '사람은 사랑할 수 있는 존재가 이 세상에서 오직 한 사람이고 그 사람과의 만남은 인생의 커다란 행복이며 그 사람에 대한 사랑은 다른 모든 사랑으로부터의 철퇴를 의미한다'와 같은 생각은 사랑이 아니라 집착이라는 것이다.

이렇게 생각하면 "이기주의와 자기애는 동일한 것이 아니라 반대되는 것이다"라고 말하는 프롬의 주장을 충분히 이해할 수 있다. 자기애는 보편적인 '어렴풋함'이 자기 안에 형성되어 있는 상태이고 그것이 타자에 대한 사랑으로 흘러넘친다.

그것에 비해서 이기주의는 자기애의 결여를 전제로 하고 있으므로 이 결여를 채우기 위해 타자에게 '배타적 집착'이 향하는 경우다. 향하는 대상이 같아도 '사랑'이 향하는 경우와 '집착'이 향하는 경우는 그 의미가 완전히 다르다. 덧붙여 프롬은 다음과 같이 이기주의자를 관찰한다.

"자세히 관찰해 보면 이기적인 사람은 항상 자신을 걱정하지만 절대 만족하는 일이 없고, 언제나 안절부절못하며 충분히 얻지 못하거나 뭔가를 놓치거나 빼앗기고 있는 것은 아닌가 하는 두려움에 늘 사로잡혀 있다. 그는 자기보다 많이 가진 사람에 대한 질투로 애태우고 번민한다. 게다가 특히 그 무의식적 역학 관계를 잘 관찰해 보면, 이러한 유형의 사람은 기본적으로 자신을 좋아하지 않고, 아니 그것뿐만 아니라 자기 자신을 격하게 혐오한다는 것을 알 수 있다."

이기주의는 바로 이 자기애 결여가 반영된 것이다. 이기적인 사람은 사실 자신을 사랑하지 않고 오히려 자신을 싫어하는 사람이다. 자신을 좋아하지 않는 사람은 자신의 가치를 인정하지 못한다. 그 때문에 자신의 가치를 저 스스로 말할 수 있도록, 자신을 위해 모두 가지려고 탐욕스러운 눈을 번뜩인다.

### 사회적 자아라는 위장

이렇게 이기주의의 본질을 밝힌 후, 프롬은 근대인들이 자신의 이익을 위해 움직인다고 생각하면서도 실제로는 자신의 이익이 아닌 목적을 위해 움직인다는 모순에 빠져 있다고 보았다. 왜냐하면 근대인은 '자아'에 기초해서 행동한다고 인식하지만 실제로는 그 '자아'가 진짜 자아가 아니라 '사회적 자아'social self에 지나지 않기 때문이다.

사회적 자아란 "본질적으로 개인이 맡도록 기대되는 역할로 이루어지지만, 실제로는 사회 속에서 그 사람이 맡는 객관적인 사회적 기능을 감추는 주관적인 위장에 지나지 않는, 그러한 자아"*를 의미한다. 사회적 자아에 자신을 바치는 모습은 프로테스탄티즘의 신에 유린되는 개인의 모습을 재생산하는 것이다.

프롬은 그러한 예로서 파티에 참석한 한 남자를 다음과 같이 묘사한다. 이 사람은 쾌활하게 싱글벙글 웃으며 파티에 모인 사람들과 친밀하게 대화를 나누고 있다. 대체로 아주 행복하고 즐거워 보인다. 작별을 고할 때도 그는 정겨운 미소를 지으며 즐거운 저녁을 보냈다고 정중히 인사한다. 그의 등 뒤에서 문이 닫힌다.

그 순간, 갑자기 그의 표정에 변화가 일어난다. 조금 전까지의 그 빛나는 미소는 사라져 버렸다. 대신 그 얼굴에는 깊은 슬픔의 빛이, 절망에 가까운 표정이 떠올라 있다. 그러나 그 표정은 불과 2, 3초 만에 사라지고 다시 평소

* 에리히 프롬, 『자유로부터의 도피』.

의 가면 같은 표정으로 돌아온다. 남자는 집으로 돌아오는 차 안에서 자신이 오늘 모든 이들에게 좋은 인상을 주었는지 궁금해하고 여러 상황을 떠올려 보면서 스스로 '잘했다'고 만족한다.

하지만 실제로 그 자신은 파티 내내 '행복'했던 것일까 혹은 '음울'했던 것일까. 그동안 이 사람은 줄곧 자신의 본심, 예를 들면 자신의 처우를 좌우할 수 있는 상사가 너무 싫다든가, 그 상사 앞에서 웃어야 하는 것이 불쾌하기 짝이 없다든가, 혹은 이 파티를 주관하는 집 주인의 모습이 마음에 들지 않다든가 하는 마음을 계속 감추고 있었다. 단순히 상대방에게 들키지 않도록 감출 뿐만 아니라 본인 스스로에게도 감추었다. 그 은폐 공작이 제대로 먹혔으므로 '그'는 '잘했다'고 '느낀' 것이다.

그런데 이 '먹혔다'는 '느낌'은 가짜가 아니다. 그는 진짜로 그렇게 느낀 것이다. 그러나 '그'가 되지 않은 자기 자신은 뒤에서 문이 닫히던 찰나에만 얼굴에 나타난다. 그 순간에 보인 표정은 본래의 자아가 이 은폐 공작이 이루어지는 동안 계속 떨고 있었다는 것, 이 은폐 공작이 싫어서 어쩔 줄 몰랐다는 것을 보여 준다. "이 남자는 신경증도 아니고 최면에 걸린 것도 아니다. 그는 오히려 정상인이며 근대인이 습관적으로 느끼는 인정받고 싶은 욕구와 불안을 갖고 있을 뿐이다. 그는 자신의 활발함이 '자신의 것'이 아님을 자각하지 못한다. 왜냐하면 그 상황에 걸맞은 감정을 느끼는 데 너무나도 익숙해져서, 뭔가 '이상하다'고 알아채는 일이 당연하지 않고 오히려 예외이기 때문이다"* 이러한 '정상적인' 사람은 자신의 의지가 타인의 요청에 의한 '사회적 자아'에 의한 것임을 더 이상 깨닫지 못한다.

이러한 일은 '매일 학교에 가고 싶어?'라는 질문에 "물론 가고 싶어"라고 대답하는 아이에 관해서도 말할 수 있다. 때로는 학교에 가고 싶은 경우도 있을 테지만 학교에 가지 않고 놀고 싶은 마음이 많을지도 모른다. 그럼에도 학교에 가지 않으면 안 된다는 무언의 압력이 아주 강하면 가고 싶지 않다는 마음을 누르고 "매일 가고 싶다"라고 생각해 버린다.

'결혼'에 관해서도 마찬가지다. 많은 사람이 '자발적으로' 자유로운 의지를 바탕으로 '결혼'할 상대를 선택해서 '결혼'했다고 생각한다. 그러나 주의 깊게 관찰해 보면 의무감 같은 것에 이끌리고 일련의 사태에 휩쓸려 더 이상 그만둘 수 없게 되어 "나는 이 사람과 결혼하고 싶다"라고 믿어 버린 것에 지나지 않음을 알 수 있다.

그러다 그 믿음이 사실은 진실이 아님을 결혼식 당일 깨닫게 되고, 갑자기 패닉 상태에 빠져서 달아나고 싶은 충동에 사로잡힌다. 그러나 그가 '분별력 있는' 사람이라면 이 충동은 2, 3분 내로 사라져서 무사히 식을 올릴 것이다. 만약 나중에 "본인의 의지로 결혼했나요?"라는 질문을 받으면 흔들림 없는 확신을 가지고 "틀림없이 그렇다"고 대답할 것이다.*

프롬의 책에서 이 부분을 읽으면 섬뜩한 느낌이 드는데 여기에 묘사된 사례가 완전히 그대로 나의 사례에 해당하기 때문이다. 이러한 '사회적 자아'에 사로잡혀 '일상'을 보내고 '기꺼이' 학교에 가고 급기야 두 번이나 '결혼'했다. 첫 번째는 상대 여성이 고뇌와 공포로 패닉 상태에 빠져서 정신이 나가는 바람에 한창 식이 진행되는 도중에 웨딩드레스를 입은 채로 난폭하게 날뛰다 파탄에 이르렀다. 두 번째는 내가 패닉 상태에 빠지긴 했지만 '분별력'을 발휘해서 그대로 '결혼'했으나 고뇌와 공포를 견딜 수 없어서 12년 만에 도망쳤다.

자신의 일을 자기가 결정할 수 없는 것은 두려운 일이지만, 그 이상으로 자아의 상실을 깨닫지 못하는 것은 더욱 무서운 일이다. 고통의 와중에 나를 위로하는 내 상투

---

* 에리히 프롬, 『자유로부터의 도피』.

적 수단은 '나는 그래도 나은 편이다', '내 경우는 나쁘지 않다'는 식으로 비교를 이용하는 것이다. 이것은 자기 자신의 감각을 사회적 자아가 부여하는 외부적 평가로 억눌렀다는 의미다. 내가 이 자기기만을 깨닫고, 거기에서 벗어날 수 있게 된 것은 아주 최근의 일이다. 현재의 나는, 나 자신을 무엇인가와 비교하려고 하지 않는다.


## 허영의 '보이지 않는 손'

'사회적 자아'에 이끌려 행동하는 근대인이라는 생각은 프롬에게 특별한 것은 아니다. 오히려 이것이야말로 경제학의 시조인 애덤 스미스의 주장과 같다. 스미스는 『도덕감정론』에서 다음과 같이 말한다.

먼저 "이 세상의 모든 노고와 소동은 무엇을 위해서인가? 탐욕과 야심, 부와 권력 및 최고를 추구하는 목적은 무엇인가? 그것은 자연의 필요를 충족하기 위함인가?"라는 질문을 내건다. 이에 대한 스미스의 대답은 '그렇지 않다'다. 그 정도의 필요를 충족하는 것은 가장 소득이 낮은 노동자라도 충분히 가능하다고 말한다. 오히려 작은 집에 사는 편이 호화로운 저택에 사는 것보다 편안하고 식욕이 왕

성하며 편안하게 잠들 수 있다는 사례도 자주 관찰된다고
한다.

그러면 각계각층의 사람들에게 나타나는 경쟁심은 어디
에서 생기는 것일까. 그리고 소위 자신의 지위 개선이라
고 우리가 부르는 인생의 거대한 목적을 추구하는 것은
어떤 이익이 있기 때문인가. 관찰되고 주의와 주목을 받
는 것, 동감과 호의와 명확한 인정을 받는 것이 우리가 그
것으로부터 얻을 수 있는 모든 이익이다. 우리의 관심을
끄는 것은 안락이나 즐거움이 아니라 허영이다.
—애덤 스미스, 『도덕감정론』*

이렇게 스미스는 남에게 어떻게 보일까 하는 '허영'이
야말로 근대인의 "인생의 큰 목적"that great purpose of human
life이고, 그 허영심을 채우는 것이 "모든 이익"이라고 단언
한다. 『도덕감정론』에서는 "자신의 감정이 당사자가 아닌
타인으로부터 어떻게 받아들여지는가"를 생각해서 자신
의 감정을 조정하는 개인을 상정해서 논의를 전개한다. 다
양한 장면에서 그 허영의 작동에 관해 꼼꼼하게 논의를 하
며 프롬이 말하는 '사회적 자아'라는 관점이 전체를 관통

---

* 이 책은 한국에 『도덕감정론』이라는 같은 제목으로 여러 출판사
에서 출간되었다.(옮긴이 주)

하고 있다.

허영이 진정한 영예를 누리지 못하는 본질이 결여된 '공허'인 것은 자신이 만족할 수 없기 때문이다. 따라서 허영을 추구하는 충동은 그치지 않는다. 왜 만족할 수 없는가 하면 자신이 느끼는 불안과 불만의 원인이 다른 곳에 있는 데도 거기에 일절 손을 대지 않기 때문이다. 고뇌와 공포의 원인을 버려 두고 자신을 속이며 '내가 저 녀석보다는 낫다', '이 상황이 나쁜 것은 아니다' 하고 자기 스스로를 구슬리는, 이 상투적인 수법이야말로 이미 허영이다.

두루 아는 바와 같이 스미스는 『국부론』에서 "문명사회에서는 각자가 언제든지 무수히 많은 사람의 협력과 도움을 필요로 한다"고 말하며 그 도움을 얻기 위해서는 "상대방의 이기심에 호소하기"가 최선이라고 보았다.

이 글이야말로 경제학의 역사적인 출발점이라고 할 수도 있지만, 이 이기심의 본질은 자기애가 아니라 사회적 자아의 이익에 봉사하는 허영일 뿐이다. '경제인'은 분업으로 사회적으로 할당된 역할인 '사회적 자아'의 요구에 따라 생산 활동을 하고, 거기에서 얻은 소득으로 다른 사람의 눈에 비치는 '사회적 자아'의 요구에 따라 소비한다.

이기심은 허영심을 의미하고, 허영심은 자신의 내부에서 솟아나는 것이 아니라 다른 사람의 눈에 비치는 자신의 모습에 휘둘리는 마음이다. 이렇게 타인의 시선에 민감한 것은 자기혐오에서 비롯되는 불안을 흐지부지 덮어 버렸기 때문이다. 설령 나는 나 자신이 싫어도 다른 사람은 나를 인정해주니 괜찮다며 스스로를 구슬린다. 프로테스탄티즘의 교의는 자기혐오를 요구하므로 그것은 이기심으로 귀결된다. 경제인은 이 이기심에 고무되어 끊임없이 노력한다.

제1장에서 설명한 '최적화 원리'와 '모색'을 떠올려 보기 바란다. 현대 경제학에서 경제인에게 제공된 '자유'는 시장이 제시하는 가격에 수동적으로 반응하며 아무 생각 없이 외부에서 부여한 자신의 효용이 최대가 될 수 있는 수급 계획안을 제출할 뿐인 자유다.

그런데 이러한 '의지 결정'은 실은 결정이 아니다. 왜 그것이 결정이 아닌가 하면 각 개인의 의지 결정의 결과는 시장이 수요 조절을 위해서 가격을 조정할 때마다 쓸모가 없어지기 때문이다.

결국 시장의 '보이지 않는 손'이 결정하는 균형 가격은 마치 신의 뜻처럼 개인에게 주어진다. 사실 시장의 자동 조절 기구가 '발견'하는 균형 가격은 초기의 자원 분포와 각자의 효용을 측정하는 함수가 주어진 순간에 결정되었으니 이것은 신이 미리 정한 것이나 다름없다.

엔데의 이야기 속 주인공인 장님 인샬라가 신의 뜻에 몸을 맡긴 것처럼 이 시장의 결정을 감사히 받아들이고 그것에 몸을 맡기는 것이 각자의 자유의 본질이다. 선택의 자유를 향한 불타오르는 듯한 희구는 이 '신의 뜻'을 이루기 위한 장애를 없애고 균형점을 실현하려는 노력으로 귀착된다. 실상 선택의 자유는 이렇게 자신을 잃어버린 인간의 '자유'다.*

## 루터가 준비한 것

정치학 분야에서 프로테스탄티즘은 자유와 관련해서 높게 평가되는 것이 일반적이다. 예를 들면 정치학자인 키베 다카시는 중세의 크리스트교가 조직으로서 교회 권한의

---

* 이상의 논의는 전적으로 프롬의 주장을 따르는데, 이것이 종교학적으로 어느 정도 지지를 받는지 생각하면 조금 불안하다. 왜냐하면 프로테스탄티즘 교리 분석에 대해 프롬이 다음과 같이 쓰고 있기 때문이다. "나는 체계 전체의 맥락에 따라 교리를 해석했다. 핵심이 모순적이지 않다고 내가 확신한 경우나 루터나 칼뱅의 교의에 모순되는 경우는 인용하지 않았다. 하지만 나는 내게 편리하게만 글을 이용한 게 아니라 루터와 칼뱅의 체계 전체와 심리학적 기반에 입각해 각 요소를 해석했다."
즉 프롬이 전개하는 프로테스탄티즘의 심리적 기반을 인정하지 않으면 프롬과 다른 주장은 얼마든지 제기될 수 있다.

확보를 의미하는 '교회의 자유'라는 관념으로 자유를 억압했을 뿐 아니라 면죄부가 상징하듯이 조직적 부패와 나아가 정치 권력으로 세속 권력을 복종시키려는 욕망을 드러냈다고 본다. 그리고 다음과 같이 말한다.

"이 상황을 사상적으로 타파한 것은 자유 회복의 두 가지 시도였다. 하나는 마르틴 루터에 의한 크리스트교적 자유의 회복이고, 다른 하나는 니콜로 마키아벨리에 의한 정치적 자유의 회복이다.

종교개혁자인 루터의 자유관은 '그리스도인의 자유'die freiheit eines christenmenschen라는 관념에 집약된다. ······ 그리스도인의 자유는 신에 대한 실존적 개인의 전면적 복종과 죄로부터의 해방을 공존시키는 점에서 '자유와 복종'의 역설을 특징으로 하며 따라서 신 이외의 존재에게는 궁극적인 복종의 기반을 갖지 않고, 더구나 '양심의 자유'라는 관념을 ······ 선구적으로 포함한다."

—키베 다카시, 『자유』

여기서 루터는 근대적 자유를 만들어 낸 선구자로 그려진다. 그리고 이것은 표준적 평가다. 얼핏 보면 프롬의 견해는 통설과 정반대의 의견처럼 보이지만 반드시 그렇지도 않다. 프롬의 견해는 프로테스탄티즘이 근대적 자아의 원형을 제공했다고 보는 점에서 통설과 일치하기 때문이다.

통설과 프롬의 견해가 다른 지점은, 통설이 근대적 자아가 획득한 '선택의 자유'를 진정한 자유라고 보는 반면 프롬은 근대인이 누리는 '선택의 자유'는 위장된 자유에 지나지 않고 실제로는 '사회적 자아'에 의해 자유를 빼앗기고 있다고 보는 점에 있다.

자아를 상실한 사람은 자신의 감각을 믿을 수 없으므로 늘 회의를 가슴에 안고 산다. 어떤 것도 믿지 못하게 된 이상 믿는 시늉을 할 수 있을 따름이고, 이는 회의에 취약하다. 다음에 보게 되듯이 폴라니는 회의가 바탕이 된 자유는 본래 모순되므로 그것이 20세기 자유의 붕괴로 이르게 된다고 주장한다.


### 자유의 자멸

여기서 '창발'emergence 創発이라는 개념의 창시자인 폴라니의 '선택의 자유'에 관한 비판을 살펴보겠다. 폴라니는 자신의 저서 『자유의 논리』에 포함된 「모순의 위기」perils of inconsistency라는 논문에서 20세기 근대적 자유의 자기 붕괴 과정을 '회의주의'를 중심으로 논의하였다. 회의주의는 애당초 신앙을 선택하는 자유를 옹호하기 위해 제안된 것인데, 그것이 신앙뿐 아니라 모든 윤리적 명제에 적용되면서 자유 자체를 붕괴시켰다는 것이 논문의 골자다.

폴라니는 근대의 자유라는 개념의 출발점을 종교 전쟁에 대한 반작용에서 찾는다. 장기간에 걸쳐 유럽을 혼란에 빠트린 종교적 광신주의에 대한 혐오를 동기로 해서 자유주의가 제창되었기 때문이다. 영미 문화권에서 자유주의를 최초로 정식화한 것은 영국의 시인 존 밀턴(1608~1674)과 영국의 철학자 존 로크(1632~1704)다. 그들의 논의는 이중 구조를 이루어 '반권위주의'와 '철학적 회의'가 섞여 있었다.

자유의 '반권위주의'를 정식화한다는 것은 누구나 자신의 신념을 표명할 수 있도록 하고 나아가 사람들이 귀기울여 스스로 독자적인 의견을 만드는 것이다. 이렇게 해서 개방된 지식을 서로 경쟁하며 무릇 인간의 육체로 도달 가능한 한계점까지 진리에 접근할 수 있을 것이라는 게 그 요지다. 한편 '철학적 회의'란 로크가 정치적 교의로서 정식화한 것이다. 그것은 종교적 사안에서는 자신의 생각을 타인에게 강요하는 것을 정당화하는 것만큼 진리에 관한 확신을 가질 수 있는 것은 결코 없다는 것이다. 로크가 규정한 것은 어디까지나 종교에 관한 것이지 신앙을 강요해 서로 죽여서는 안 된다는 이성을 향한 호소였다.

스미스의 『국부론』이 출판된 것은 미국이 독립한 해인 1776년인데, 이러한 철학적 회의를 기반으로 자유주의 경제 사상 또한 전개되었다. 이 자유의 이중의 교의는 유럽 대륙에서는 영국보다도 늦게 출현해서 곧바로 보다 극단적인 입장으로 이행하였다. 철학적 회의가 목표로 한 것은 여러 종교적 종파 간의 화해이고 그보다 더한 것은 아니었지만 프랑스 계몽주의에서는 이 철학이 종교적 권위, 특히 가톨릭교회의 권위에 대한 공격으로 기능했다.

이 사상을 따르는 사람들은 회의에 기초한 이성을 실현하는 과정에서 생기는 오류를 발견하고 이를 수정해 어떤 어려움에서도 벗어날 수 있다는 오만한 확신을 갖고 있었다. 그들은 무지에서 탈출하는 것으로 모든 사회적 병폐에서 인류를 구제할 수 있다고 약속하였다.

프랑스 혁명의 사상적 기반이 된 이 사상은 대륙 전체에 광범위한 영향을 주었고, 실제로 19세기 말에는 프랑스 계몽 사상이 제공한 평화와 자유의 약속이 유럽 대륙에서 성취되는 것처럼 보이기까지 했다.

그런데 무한한 약속으로 가득 차 있다고 생각된 20세기에는 무서운 지뢰밭이 기다리고 있었다. 이 지뢰를 매설해 자유를 붕괴시킨 것은 "어떤 철학자들—특히 마르크스, 니체 그리고 이 둘의 공통 조상인 피히테와 헤겔의 저작"이라고 폴라니는 『자유의 논리』에서 말한다.

그런데 이 자유의 붕괴는 회의주의가 철저히 이뤄지면서 발생했다. 로크의 관용을 옹호하기 위한 회의는 "어느 종교가 옳은지를 증명할 수 없으므로 그 전부를 용인해야 한다는 것"이다. 이것은 "증명이 불가능한 신념(신앙)은 강요할 수 없다"는 것이다. 로크의 종교적 관용은 크리스트교 내부뿐만 아니라 "이교도든 이슬람 교도든 유대인이든 종교 때문에 국가의 시민적 권리를 빼앗겨서는 안 된다"는 광범위한 것으로 '크리스트교도가 아닌 사람들을 포함한 전 인류에 대한 자애와 겸허와 선의'를 추구하는 것이었다. 그러나 "신의 존재를 부정하는 사람들"은 결코 관용적으로 다루어서는 안 된다는 제약을 설정해 두었다.*

이 교리를 종교적 신념에 한정하지 않고 모든 윤리에 적용하면 "윤리의 원리를 확실성을 갖고 예증할 수 없는

★ 존 로크, 『관용에 관한 편지』. 이 책은 같은 제목으로 여러 출판사에서 출간되었다.(옮긴이 주)

128

한 강요하는 것을 삼가고 완전한 부정을 너그럽게 봐줘야 한다"는 말이 된다.

그런데 두말할 필요도 없이 근거를 예증할 수 있는 확실한 윤리의 원리 같은 것은 존재하지 않는다. '왜 진리를 말하지 않으면 안 되는 걸까', '왜 정의와 자비를 지지하지 않으면 안 되는 걸까'와 같은 윤리적 명제는 회의에 취약하고 이러한 것들을 긍정적으로 흔들림 없이 입증하는 것은 절대 불가능하다.

따라서 철저히 회의의 입장에 서면 허위와 무법과 잔혹의 체계가 여러 윤리적 원리와 동등한 자격을 갖는 것으로 관대하게 용인되어야 한다. 회의에 기초한 이 관용은 이러한 악랄한 체계의 존재를 허용하지만, 염치없는 선동과 폭력과 테러가 지배하는 사회에서는 관용을 위한 여지가 없다. "즉 사고의 자유는 회의를 전통적인 여러 이상의 영역까지 확장함으로써 파괴되는 것이다."


### 허무주의자의 정열

그리고 이 철학적 오류를 단순한 사고에 그치지 않고 파괴적인 인간 행동으로 전환한 사람들이 있었다. 그것이 허무주의자다. 허무주의자는 극한의 회의주의 상태에 빠진 사람들로, 그들은 완전한 자기중심주의에서 유래하는 무기력을 기반으로 열정적이고 폭력적인 혁명운동으로 향한다. 일견 무기력과 혁명적 정열은 서로 모순되는 것처럼 보이지만 이것은 동적 관점에서 보면 모순이 아니다.

　허무주의자는 초기의 사적 단계에서 어떠한 신념, 책무, 제약도 갖지 않고 살려고 하지만 그것은 모든 기존의 사회적 유대를 급진적으로 경멸하는 태도로 바뀐다. 그런데 신념이 부족한 허무주의자는 불안정해서 자신 스스로 부정한 유대를 상실하는 것을 두려워한다. 그 때문에 새로운 정열적 연대를 추구한다. 이것은 바로 프롬이 말한 "자유로부터의 도피"다. 그들은 허무주의적인 전제에 기초한 정치 운동을 발견하면 거기에 매달리게 된다.

　그리하여 "허무주의자가 극단적인 개인주의로부터 격렬하고 협소한 정치적 신조로 전향한 것이 유럽 혁명의 전환점이었다." 유럽에서 대규모의 자유의 쇠락, 즉 파시즘과 마르크시즘의 확산은 이렇게 이뤄졌다고 폴라니는 주장한다.

　폴라니에 의하면 회의주의에 의해 자유가 쇠락한 것은 근대만이 아니다. 그 전에 적어도 한 번은 있다. 고대 그리스에서 소크라테스에 의해 속박 없는 탐구에 이끌린 젊은이들이 허무주의자가 되었을 때 이 위기가 발생한 적이 있다. 그들 허무주의자는 정치적 지도자로 활약하며 심각한 정치적 위기를 초래했다. "이러한 일에 대한 반작용으로 소크라테스는 탄핵을 당했고 처형당했다"고 폴라니는 말한다.

그러나 고대에는 20세기 혁명과 같은 대규모 사태는 일어나지 않았다. 그것은 크리스트교 구세주의(메시아니즘)의 예언자적 정열이 결여되어 있었기 때문이다. 폴라니는 다음과 같이 주장하면서 이 논문을 마무리 짓는다.

"고대 스토아 학도들은 크리스트교의 유산으로서 피 속에 흐르는, 결코 치유될 수 없는 정의에 대한 굶주림과 목마름에 대해 태연할 수 있었다. 그러나 우리의 문명은 그것을 허용하지 않는다. 현대적 사고는 크리스트교 신앙과 그리스 회의주의의 혼합물이다. 크리스트교 신앙과 그리스적 회의는 논리적으로 양립하지 않고 이 둘의 분규는 서양적 사고를 과거에 볼 수 없었을 정도로 생생하고 창조적으로 지닌다. 그런데 이 혼합물은 기초로서는 불안정하다. 현대 전체주의는 이 종교와 회의주의 사이의 분쟁의 정점을 드러내는 것이다. 이 체제는 분규를 해소하기 위해서 도덕적 정열의 유산을 현대 유물주의적 목적의 틀에 끼워 넣는다. 그러한 결과를 위한 조건은 고대에는-크리스트교가 새로운 원대한 도덕적 희망을 인류의 마음에 불러일으키기 전에는 존재하지 않았다."

—마이클 폴라니, 『자유의 논리』

이러한 갈망은 예를 들면 예외 없는 자유주의적 원칙을 전 세계에 적용하는 것을 목표로 하는 것에서 볼 수 있듯이 일종의 광신狂信으로 지금도 살아 있다.

## 믿음에서 진리로

에리히 프롬은 선택이라는 개념이 『성서』의 실낙원 이야기와 관련이 있다고 지적하며 그 선택을 둘러싸고 가톨릭과 프로테스탄트 사이에 깊은 갈등이 있음을 밝혔다. 프롬 자신은 인간의 자유로운 선택을 인정하는 가톨릭교의, 특히 스콜라 학파의 생각을 지지하고 루터나 칼뱅과 같은 사람을 무력하다고 보는 입장을 강하게 비판한다.

이러한 관점에서 보면 타자로부터의 요청에 따라 구

성된 사회적 자아로 작동하는 근대인은 프로테스탄티즘의 영향 아래 놓이게 된다. 스미스가 말하는 '이기심'이란 바로 이 사회적 자아의 명령이고 그 시장 이론은 현대의 그 후예도 포함해서 프롬이 해석하는 프로테스탄티즘의 세계관과 일치하도록 이루어져 있다. 이것이 사실이라면 시장 이론이 비과학적이라는 것은 이상할 것도 없다. 그것은 애초에 프로테스탄트의 논리와 부합하도록 구성된 것으로, 물리 법칙과의 정합성은 고려되지 않았다.

게다가 평전에 의하면 프롬은 독일에서 정통파 유대교도의 가정에서 태어나 13세 때 유대교 경전인 『탈무드』 연구를 본격적으로 시작했다. 공식적으로는 1926년에 유대교 신앙을 버렸지만 전 생애에 걸쳐 그 교리의 전반적인 영향 아래에 있었다고 한다.*

프롬이 가톨릭에 친밀감을 가진 것처럼 폴라니 또한 가톨릭과 관련이 있다. 폴라니는 헝가리 태생의 유대인이었으나 어릴 때 가톨릭 세례를 받았고 결혼식도 가톨릭 식으로 올렸다고 한다. 이것이 어느 정도로 폴라니의 사상에 영향을 미쳤는지는 분명치 않지만 폴라니는 "어떠한 권위도 이 선택과 그것과 경합하는 선택들 중 무엇을 택할 것인가 하는 방법을 우리에게 가르쳐 줄 수 없다"**고 했으

---

* 게르하르트 냅, 『평전, 에리히 프롬』.

** 마이클 폴라니·표재명, 김봉미 옮김, 『개인적 지식』(아카넷, 2001).

니 프롬의 관점에 의하면 이것은 가톨릭적인 것이다.*

폴라니의 사상은 '회의'라는 근대적 합리주의가 본질적으로 자멸하는 요소를 포함하고 있다는 것을 지적하며 그것이 종교적 관용을 위한 요청에 지나지 않음을 잊지 않고 그 논리적 전개를 철저하게 하지 않았던 것이 20세기 영미 사회에서는 자유가 붕괴하지 않았던 이유라고 본다. 근대적 자유를 만들어 낸 회의주의야말로 자유를 붕괴시킨 원흉이라는 주장이다.

이러한 관점에서 폴라니는 회의주의에 바탕을 두지 않은 과학 기초 수립과 그 옹호를 목표로 물리학자에서 철학자로 전향하였다. 폴라니의 저서인 『개인적 지식』의 부제목은 '후기 비판적 철학을 위하여'Towards a Post-Critical

---

* 실제로 폴라니의 사상은 가톨릭 신학의 분야에서 활발하게 논의되는 편이다. 반대로 자연과학에서는 평가가 낮아서 예를 들면 앤드루 호지스가 쓴 꼼꼼한 앨런 튜링 전기에서는 폴라니에게 '크리스천 철학자'Christian Philosopher라는 이상한 꼬리표를 붙여서 조금은 업신여기듯 다룬다. 이것이 서구 아카데미즘에서 가지는 일반적인 인식일 것이다. 폴라니의 사상은 믿음에 기초한 과학 복권이지만 이러한 생각을 자연과학자들이 경시하는 것은 당연하다. 왜냐하면 과학은 회의와 비판을 바탕으로 성립되고 있다고 믿어지고 있기 때문이다. 과학자들은 만약 회의론을 버린다면 그것은 종교가 되고 만다고 생각한다. 이렇게 해서 폴라니에게는 '크리스천 철학자'라는 꼬리표가 붙게 된다. 하지만 이 꼬리표는 부적절하다. 왜냐하면 폴라니는 서구인이 '크리스트교의 유산으로 피 속에 흐르는 결코 치유되지 않는 정의에 대한 굶주림과 갈증'의 위험성을 예리하게 지적하기 때문이다. 폴라니는 현대의 사상이 '크리스트교 신앙'과 '그리스적 회의'의 혼합물이고 이것이 인류 위기의 근원이라고 본다.

Philosophy이다. 이것은 폴라니 스스로 자신의 철학이 회의와 비판에 기초한 근대 철학을 넘어선다고 인식하고 있음을 보여 준다. 이러한 사실로부터도 폴라니 사상의 주축이 회의주의에 기초하지 않은 지식의 확립에 있음이 분명하다.

이것은 '의심하는' 것에 근거하는 것이 아니라 '믿는' 것에 근거해 독선과 강요에 빠지지 않고 진리를 탐구하는 길이다. 그 길은 풍부한 감각과 감정에 기초한 지식과 연결되고 또 이것은 자신의 감각을 믿고 자기를 위해 사는 태도와 직결된다. 이 입장은 프롬의 사상과도 깊은 관련이 있다. 프롬은 다음과 같이 말했다.

우리 사회에서 감정은 일반적으로 억압되어 있다. 어떠한 창조적 사고도 창조적 활동과 마찬가지로 감정과 불가분의 관계를 맺는 것은 의심할 여지가 없음에도, 감정 없이 생각하고 감정 없이 사는 것이 이상적인 것이 되었다. '감정적'인 것이 불안정하거나 정신적으로 불균형한 것과 같은 의미가 되어 버렸다. 이 기준을 받아들임으로써 개인은 매우 약해졌고, 사고는 빈곤하고 단조로워졌다. 한편 감정을 완전히 죽이는 것은 불가능하므로 인격의 지적인 측면과는 완전히 분리된 곳에 존재해야 한다. 그 결과 값싸고 위선적인 감상성이 영화와 대중가요를 통해 감정에 굶주린 수백만 명의 소비자에게 제공된다.

—에리히 프롬, 『자유로부터의 도피』

그렇다면 이러한 감정과 합쳐진 지성의 입장에서는 어떻게 과학적 탐구가 가능할까? 이 문제는 비단 학문적 연구에만 관련되는 것은 아니다. 폴라니는 인간의 본성을 '탐구'에서 찾고 실제로 그것 없이는 우리가 살 수 없기 때문이다. 다음 장에서는 이 관점에서 폴라니가 주창한 '창발' 사상을 고찰하겠다.

# 4장
## : 창발이란 무엇인가?

### 협동 현상과 창발

이제까지의 논의는 시장(이치바)에 관해 생각해 보기 위한 인식의 걸림돌을 제거하기 위한 것이었다. 나는 경제학이 기초하고 있는 암묵의 가정이 물리 법칙을 위반하고 있다고 말했고 그것을 정당화하는 이론이 연금술처럼 은폐에 의거하고 있음을 지적했다. 그 상태에서 이 이론의 근저에 있는 '선택의 자유'가 계산량 폭발과 비선형성이라는 어쩔 수 없이 발생하는 문제로 인해 실행이 불가능한 부조리한 것이므로 이것을 진지하게 받아들이면 자유의 감옥에 빠지고 만다고 경고하였다.

이어서 이 자유의 개념과 관련 있는 프롬과 폴라니의 논의를 소개했다. 프롬에 의하면 근대의 자유에 관한 생각은 크리스트교, 특히 프로테스탄티즘의 영향을 농밀하게 담고 있고 그것이 자아를 상실한 이기적 삶의 방식에 투영되고 있다.

폴라니는 종교 전쟁이 가져온 재앙에 대한 반성으로 신앙의 자유를 옹호하고 관용을 호소하기 위해 회의적 자유가 생겼음에도 불구하고 그 회의를 철저히 확산시킴으로써 유럽 대륙에서는 자유의 근거 자체가 붕괴되고 있다고 지적하였다.

있을 법한 오해를 피하기 위해서 한 가지만 확인해 둔다. 내가 여기서 말한 것은 "우리가 살고 있는 이 사회 경제 전체가 서구 기원의 '선택의 자유'에 구석구석까지 얽혀 있어 우리 사회는 가치를 창출하지 않는 완전히 죽은 상태가 되었다"는 것이 아니다. "신학적이라는 인식의 틀을 있는 그대로의 사회 경제적 모습을 무시하고 밀어붙이고 있다"는 것을 비판하는 것이다.

실제로 들어가는 말에서도 이야기한 것처럼 현실의 이치바는 사람들 간의 살아 있는 커뮤니케이션으로 구성되어 있어서 그 안에서 오늘도 계속해서 가치를 만들어 내고 있다. 경제 활동의 모든 것이 죽은 상태가 된 것이 아니라 많은 부분이 살아서 작동하기 때문에 질서가 형성되고 가치가 창출되고 있다.

그러면 그 현실의 살아 있는 커뮤니케이션을 우리는 어떻게 생각하면 좋을까? 그 대답을 구하기 위해 이번 장에서는 '선택의 자유'라는 생각을 벗어나서 과연 어떠한 자유를 생각하면 좋을까, 그 자유에 기반하는 과학적 사고를 경제의 측면에서 전개하는 것은 도대체 어떤 것일까, 하는 보다 적극적인 문제를 생각해 보겠다. 그리고 그 안에서 탈비판post-critical 경제학의 모습을 모색해 나가고자 한다.

물론 그것이 현실의 커뮤니케이션 활동을 무조건적으로 칭송한다는 의미는 아니다. 반복해서 말하지만, 우리가 이 사회 경제를 사는 가운데 가치는 매일 끊임없이 만들어지고 있다. 그렇지 않으면 이 세상은 움직이지 않는다. 그러나 한편으로 그러한 가치의 창출을 저해하는 것 또한 이 사회에서는 넘쳐 나고 있다. 따라서 가치를 창출하는 것과 그것을 저해하는 것을 분리해 후자를 억제함으로써 전자를 활성화하는 것이 탈비판 경제학이 목표로 하는 것일 테다.

그 기초가 되는 개념이 폴라니가 제창한 '창발'*이다. 창발이라는 개념은 최근 20년간 크게 유행하고 있다. 수학, 물리학, 뇌과학, 발생학, 진화생물학, 컴퓨터과학, 사회학, 경제학, 경영학, 심리학, 교육학 등 매우 폭넓은 분야에서 논의가 펼쳐져 왔다. 하지만 나 자신도 이 개념에 대한 연구를 십수 년간 하고 있지만 논의의 내용이 전혀 진전되지 않고 있다고 느낀다. 그 원인을 반성해 보니 다음과 같은 결론에 이르렀다.

제창자인 폴라니가 지적하듯이 창발이라는 것은 분석이 불가능한 암묵적 차원에 속하는 과정이다. 그럼에도 불구하고 대부분의 창발에 관한 연구는 이를 인정하지 않고 창발을 분석적으로 이해하려는 접근 방식을 취해 왔다. 이것은 분석할 수 없는 것을 분석해 왔다는 의미다.

우리가 해야 할 일은 창발을 분석하는 것이 아니라 창발을 믿고 구체적인 창발의 과정으로 들어가 느낌으로써 이해하는 것이다. 또한 창발을 저해하는 것을 분석하고 그것을 제거하는 길을 찾는 것이다.

---

★ 폴라니가 사용한 단어는 'emergence'로 우리말에서는 창출創出, 출현 등으로 번역되고 있지만 적절한 단어를 찾기 힘들다. 일본에서 사용하고 있는 '창발'이라는 단어는 요소 간의 국소적 상호 작용이 전체에 영향을 주어 새로운 질서가 형성되는 현상이라는 의미를 품고 있는데 근저에 창조creation의 뜻을 강하게 내포하고 있어서 지나친 감이 있지만 이 책에서는 일본 학자들이 사용하는 '창발' 그대로 옮겨 사용하였다. (옮긴이 주)

이 장에서는 창발이란 무엇인가 하는 문제를 폴라니의 사상과 앨런 튜링의 사상을 비교하면서 탐구해 보겠다. 튜링을 거론하는 이유는, 그는 창발과 같은 암묵적인 차원의 작동을 일절 인정하지 않고 생명 과정도, 사고의 과정도 순수하게 기술 가능하고 분석할 수 있다는 관점에서 큰 업적을 쌓은 인물이기 때문이다.

튜링은 다수의 요소가 상호 작용하여 복잡한 현상이 일어나는 듯이 보여도 그것은 기술記述 가능한 협동 현상에 지나지 않은 것으로, 창발은 아니라는 입장을 취한다. 흥미롭게도 그런 튜링이 폴라니와는 친구였고 둘은 깊이 대화를 나누었다고 한다.

여기서 말하는 협동 현상이란 다수 입자(원자와 분자)의 상호 작용이 거시적인 결과를 가져오는 것을 말한다. 예를 들면 물의 '대류'를 생각하면 된다. 물 분자는 브라운 운동이라 불리는 빠르고 혼돈스러운 운동을 한다. 그런데 이 물을 비커에 넣고 아래에서 열을 가하면 어떻게 될까. 가열이 어느 지점을 지나면 갑자기 물 분자가 일제히 같은 방향으로 움직이기 시작한다. 가열되면 상승하고 수면에서 식으면 하강하는, 크게 순환하는 흐름이 나타난다. 이 대류는 개개의 물의 분자를 아무리 관찰해도 볼 수 없다. 즉 물 분자의 상호 작용 없이는 나타나지 않는다.

단, 이 협동 현상을 그대로 창발이라고 부르면 튜링의 입장에서도, 폴라니의 입장에서도 부정할 것이다. 이것은 상호 작용이 낳은 복잡한 현상이긴 하지만, 어디까지나 기술 가능한 현상에 머물기 때문이다.

복잡계 과학과 지식 경영학으로 대표되는 '창발' 연구는 폴라니를 따라 창발의 깃발을 들면서도 튜링의 접근 방식을 채용해 왔다고 할 수 있다. 바꾸어 말하면 표면적으로는 창발을 긍정하면서도 실제로는 이것을 부정하는 연구를 추진해 온 것이 된다. 이것은 일종의 자기기만이고 그래서는 연구가 진전될 리 없다.

창발과 협동 현상을 엄격히 구별해서 각각 생각하는 것이 진리를 탐구하는 데 중요하다. 경제와 같은 인간의 상호 작용이 만들어 내는 현상에 관해 생각하는 경우 그것이 창발인지 아니면 협동 현상에 지나지 않는지 따지는 것은 결정적으로 중요하다. 왜냐하면 창발은 분석이 불가능하지만 협동 현상은 분석이 가능해서 양자를 분별하지 않으면 어떠한 분석적 접근 방식도 불발에 그치기 때문이다.

경제 현상의 어떤 부분이 협동 현상이고 어떤 부분이 창발일까. 어떻게 하면 협동 현상에 사람들이 이용당하는 것을 차단하고 창발하는 힘을 발휘하도록 지킬 수 있을까. 나는 이러한 관점이 조직의 관리나 정책 결정의 기초가 되어야 한다고 생각한다.

### '암묵지'를 둘러싼 오해

여기서는 먼저 폴라니 사유의 완성형을 보여 주었다고 할 만한 강연인 「암묵의 차원」The tacit dimension에 한정해 논의를 펼치겠다. 이 강연에서는 먼저 'Tacit knowing'이라는 개념을 이야기하고 그 확장으로서 창발에 관해 이야기한다.

일본에서는 'Tacit knowing'의 번역어로 '암묵지'暗默知라는 말이 정착되어 있다. 이 말은 '암묵의 지식'을 의미한다고 해석되는 경우가 많은데 그것은 오해다. 원어를 보면 알 수 있듯이 'Knowing'이라는 말은 동명사이므로 이것은 '앎'이라는 과정의 명칭이다. 즉 '암묵지'는 '암묵적으로 알아 가는 과정'을 의미한다. 암묵지라는 번역어가 '명시지明示知/암묵지' 혹은 '형식지形式知/암묵지'와 같은 형태의 대비를 만들어 그 결과 암묵지를 잠재적 지식과 동일시하는 그릇된 해석을 낳았고 또 널리 유포되었다. 이것은 특히 경영학자 노나카 이쿠지로를 중심으로 하는 지식 경영학의 융성이 요인인 듯하다.* 그러나 이처럼 잘못 해석하면 폴라니가 말한 뜻을 이해하기가 불가능해진다.

이 점에 주의하며 나는 지금까지 'Tacit knowing'을 '암묵적으로 알아 가는 것'이라고 번역해 왔다. 지금도 그렇게 번역하는 것이 오해를 방지한다고 생각하지만 그럼에도 이 번역어는 너무 길어서 읽기가 어렵다.

그래서 이 책에서는 암묵지의 '지'가 '지식'이 아니라 '알아 가는 것'임을 분명히 밝히고 '암묵지'라는 번역어를 선택했다. 실은 폴라니 자신도 암묵지가 작동할 때 형성되는 잠재적 지식의 의미에서 'Tacit knowledge'라는 말을 종종 사용한다. 그것이 이런 오해를 부르는 원인이며, 영어 문헌에서도 'Tacit knowledge'가 사용되는 경우가 많으니 번역 문제만은 아님을 밝혀 두고 싶다.

나는 'Tacit knowing'은 '암묵지', 'Tacit knowledge'는 '암묵의 지식'으로 번역하면서 둘이 전혀 다른 것임을 염두에 두는 방법으로 대처하고자 한다. 집요한 것 같더라도 '암묵지'는 알아 가는 과정의 명칭이고 '암묵의 지식'과는 다른 것임을 기억해 두기 바란다.

폴라니가 암묵지라는 개념을 사용해 말하고자 한 것

---

\* 노나카 이쿠지로, 다케나카 히로다카, 우메모토 카즈히로, 『지식 창조기업』.

은 '지식'이라는 것이 있다면 그 배후에는 반드시 암묵의 차원에서 작동하는 '알아 가는' 과정이 있어야 한다는 것이다.

명시적인 차원에 속하는, 명확히 써 내려갈 수 있는 정보는 아무리 조합해도 지식이 되지 않는다. 왜냐하면 지식이라는 것의 본질이 암묵적 차원과 불가분의 관계를 맺고 있기 때문이다. 즉 명시적인 '지식'은 암묵적 차원에서 '아는' 과정의 작동이 없으면 지식이 될 수 없다.

'지'知라는 과정은 암묵적 차원에 속하는 것으로 명시적으로 써 내려갈 수 있는 '지' 같은 것은 있을 수 없다. 폴라니의 사상에 따르면 'Explicit knowledge'(명시적 지식/형식적 지식)는 있을 수 있어도 'Explicit knowing'(명시지/형식지)은 있을 수 없다.

내가 채택한 번역어로는 '명시적 지식과 암묵지'가 대비 관계에 있고 그 주요한 역점은 '명시와 암묵' 사이에 있는 것이 아니라 '지식과 지' 사이에 있다.


**'암묵지'라는 수수께끼**

암묵지라는 개념을 이해하기 어려운 것은 그것이 늘 암묵적인 형태에서만 작동하기 때문이다. 예를 들면 상자 속에 손을 집어넣어서 무엇이 들어 있는가를 맞히는 게임을 떠올려 보자. 이 게임을 할 때 우리는 '무엇일까?' 생각하며 물건에 의식을 집중한다. 그러면서 손안의 물체를 돌려 보고 여기저기 만져서 그것이 '야구공'이라는 것을 안다.

그런데 물건을 찾아 더듬는 손가락 끝의 감각에 의식이 향하면 어떻게 될까. 예를 들면 손끝에 느껴지는 뻣뻣한 털 같은 꺼칠꺼칠한 감각의, 그 꺼칠꺼칠한 느낌에 의식을 집중해 버리면, 그것이 무엇인지 모른다. "이것은 무엇일까?"라고 생각해야만 비로소 '테니스공'이라는 걸 안다.

혹은 외국어 듣기를 하는 장면을 떠올려 봐도 좋다. 화자가 말하는 자음이나 모음을 듣는 것에 의식을 집중하면 그것이 어떤 단어인지 알 수 없다. 그리고 단어를 알아차리려고 의식을 집중하면 무슨 말인지 알아듣지를 못한다. 상대방이 무슨 말을 하고 있을까 하고 생각해야만 비로소 상대방의 말을 들을 수 있다.

이것은 실은 외국어가 아니라 일본어의 경우에도 동일하다. 시험 삼아 기차 안에서 대화 중인 사람과 조금 떨어진 곳에서 그의 말 하나하나의 '음'에 주의를 기울여 보기 바란다. 그러면 그 사람이 하는 말의 내용은 안 들린다. 때로는 그것이 일본어인지조차 모르는 경우도 있다.

역으로 내용을 알아들어도 이번에는 각각의 단어가 무엇이었는지 모르는 경우도 있다. 예를 들어 영어라면 상대방이 뭔가 '하지 않으면 안 된다'는 의미의 말을 한 것은 알겠는데 그것이 'Should'였는지 'Have to'였는지 'Must'였는지는 전혀 기억해 내지 못하는 것이다.

좀 더 극단적인 예로는 상대방이 어떤 언어로 말하는지조차 모르는 경우도 흔하다. 일전에 홍콩에서 개최된 한 학회에서는 영어와 중국어와 광둥어와 일본어가 혼재하며 대화의 내용과 화자의 조합에 따라 대화 언어가 계속 바뀌었다. 여러 언어가 섞여 있는 홍콩에서는 늘 있는 일인데 이런 상황에서는 상대방의 발언의 골자는 기억하고 있어도 상대방이 어떤 언어로 말했는지는 생각나지 않는 것이 보통이다.

이럴 때 "지금은 영어구나. 아, 저것은 중국어와 섞였다. 이번에는 광둥어다. 아, 중국어가 나왔다" 같은 식으로 상대가 어떤 언어로 말하고 있는지에 의식을 집중하면 상대방이 무슨 내용을 말하고 있는지 모르게 된다.

물건을 만지고 있는(물건에 닿고 있는) 손가락의 감

각과 귀에 들리는 소리의 감각을 주요 단서로, 이외에도 자기 신체의 상태를 모두 동원해서 의식을 향하고 있는 대상에 관한 지식을 만들어 나가는 과정 전체를 폴라니는 '암묵지'라고 부른다. 이 암묵적 차원의 작동은 본인조차 특정할 수 없다. 왜냐하면 특정하기 위해서 그 작동에 의식을 돌리면 작동이 사라져 버리기 때문이다. 다른 사람이 옆에서 보고 있으면 암묵의 차원이 작동하는 장면을 볼 수 있긴 하지만 어디까지나 바깥에서 보는 것이어서 그 구체적인 내용을 밝힐 수가 없다.

가령 최첨단의 기기를 이용해 뇌의 자기장을 상세히 관찰한다고 하더라도 아는 과정이 생기고 있을 때 뇌의 어느 부분이 작동하는지 아주 대충이라도 알 수 있을 뿐 어떻게 지식이 성립하고 있는지는 알 방법이 없다.

'안다'는 과정은 무수한 단서에 의거하면서 그것을 암묵적인 차원의 과정으로 통합해야 실현된다. 상대방이 무슨 언어로 말하고 있었는지조차 모른다는 사실은 그때의 단서가 의식에는 떠오르지 않았음을 잘 보여 준다.

게다가 대상에 관해 형성된 지식이 갖는 의미를 샅샅이 알고 있는 것이 아니라는 점도 주의해야 한다. 예를 들어 '창발'이라는 말을 들으면 그것이 뭔지 알 것 같은 느낌이 들긴 하지만 그 의미를 정확히 아는 것은 매우 어렵다. 혹은 새로운 과학적 발견이 있을 때도 그 발견이 갖는 의미를 사람들이 충분히 이해하지 못하는 것이 일반적이다. 예를 들면 상대성 이론이 나왔을 때 그것이 원자폭탄을 함의할 줄은 누구도 알지 못했다.

즉 암묵지라는 과정은 잘 모르는 것에 의거해서 잘 모르는 방법으로 통합하고 잘 모르는 것을 획득하는 수수께끼 과정인 것이다. 그러므로 '암묵의 차원'에 속한다고 한다.

폴라니는 과학적 지식의 형성에서도 이 암묵의 차원이 중요하다는 것을 지적한다. 과학적 발견은 명시적인 사실의 축적과 그것을 명시적으로 설명하기 위한 최소한의 논리 구성으로 이루어지는 것이 아니다. 과학적 발견은 여러 가지 무수한 사실을 단서로 과학자의 의식이 진리를 탐구할 때 암묵 중에 통합되면서 만들어진다. 그 만들어진 것이 갖는 가치를 하나도 빠짐없이 알 수는 없는 노릇이다.

예를 들면 어떤 과학적 발견이 나왔을 때 그 발견이 어디에 도움이 되는지 결코 즉각 알 수는 없다. 그럼에도 불구하고 사람들은 그 발견이 갖는 잠재적 가치를 알 수 있다. 즉 과학적 지식은 암묵지가 작동해 얻어진다.

이상이 폴라니의 암묵지론의 골자다. 이러한 논의에 기초해 폴라니는 이야기를 진화에까지 확장하여, 선세대가 창조한 것에 후세대가 적응을 잘 하는 단순한 탐구 과정과 지금까지 존재하지 않았던 기능을 생명이 발견하는 과정을 구별해서 이 중 후자를 '창발'이라고 부른다.


## '계층성'을 만들어 내는 힘

이 논의를 위해서 폴라니는 먼저 세계가 계층적으로 되어 있음을 제시한다. 예를 들면 벽돌을 생각해 보자. 그 재료는 물리·화학 법칙에 따르는 물질이지만 물리·화학 법칙에 의해 필연적으로 만들어지는 것은 아니다. 벽돌은 물리·화학 법칙에 따르는 세계 속에서 새롭게 덧붙여진 조건에 의해 성립한다. 그 벽돌을 조합해서 집을 짓기 위해서는 또 다른 새로운 조건이 필요하고 그것은 벽돌 자체와는 다른 원리를 갖는다. 이런 벽돌로 만들어진 집들로 이루어진 도시는 더 고차원의 원리를 따른다.

하위 원리의 세계로부터 고차원 원리의 세계가 만들어지는 과정이 '창발'이다. 생명이 없는 물리·화학적 세계는 아무것도 만들어 내지 않지만 실패하지도 않는다. 거기에 생명이 창발하면 '삶'과 함께 '죽음'이라는 실패도 일어난다. 단세포 생물 안에서 다세포 생물이 출현하면 새로운 포괄적인 독립체가 발생하는 동시에 그 발생 과정에서 실패가 일어날 수 있다.

인간의 출현과 함께 도덕이 생겨나는데 동시에 악이라는 새로운 실패도 생긴다. 암묵적으로 안다는 과정 또한 이러한 창발적 진화의 결과이다. 폴라니는 창발이라는 과정의 실재를 보여 주는 것과 그 과정이 어떻게 작동하는가를 묘사하는 데 의식을 집중하였다. 그 이유 중 하나는 폴라니의 철학적 목적이 지식을 확실히 하기 위해서 인간적인 요소를 배제하는, '객관적 지식'을 추구하려는 욕구가 암묵지의 부정으로 이어져 지식 그 자체를 파괴하는 것을 보여 주는 데 있었기 때문일 것이다.

그러나 나는 이유가 그것만은 아니라고 본다. '창발'이든 '암묵지'든 작동의 단서가 되는 사상事象은 무수히 많고, 그러한 것들을 연결 짓는 과정도 완전히 규정할 수 없으며, 게다가 새롭게 태어난 전체성이 무엇을 의미하는지를 완전히 헤아리는 것도 불가능하기 때문이다.

바꾸어 말하면 이 과정은 무엇에 의거해서 작동하고

있는지 불명확하고, 무엇을 목표로 하고 있는지도 분명하지 않고, 어떻게 추진되고 있는지도 모르며, 게다가 완성된 것의 의미도 다 헤아릴 수 없다는 것이다. 즉 폴라니는 창발이라는 과정은 암묵의 차원에 속하는 것이라서 그 본성을 분석적으로 해명하는 일이 애당초 불가능하다고 파악한 것이라고 나는 생각한다.

그런데 폴라니는 그렇게 직설적으로 말하지 않는다. 그 때문에 암묵지나 창발도 과학적으로 해명할 수 있는 대상처럼 느껴진다. 폴라니를 읽다가 성에 차지 않는 느낌이 드는 것은 이 때문이 아닐까. 견딜 수 없이 이런 느낌이 들면 '암묵지'를 '잠재적 지식'으로 실체화해서 이해하고 싶어지거나 혹은 '창발'을 분석하고 싶은 충동에 휩싸인다.

그러나 폴라니가 옳다면 '창발'은 분석 대상이 될 수 없다. 그것은 암묵의 차원에 머물게 하는 방법밖에 없다. 그러한 '영문을 알 수 없는 것'을 인정한다면 과학이 성립되지 않는다고 생각할지도 모르지만 폴라니가 주장하는 것은 그러한 영문을 알 수 없는 것이 과학을 성립시키므로 그것을 부정하면 과학을 부정하는 것이 되고 만다.

필요한 것은 해명이 아니라 그 작동을 믿고 흔쾌히 받아들이는 것이다. 폴라니의 과학에 대한 이러한 논란이 중요한 이유는 그 자신이 탁월한 물리학자였기 때문이다. 폴라니 이외의 대부분 과학역사가나 과학철학자는 과학역사나 과학철학이 본업이지 과학 그 자체는 본업이 아니다. 어느 정도 과학자로서의 훈련을 쌓은 사람은 많지만 폴라니처럼 '흡착 포텐셜 이론'과 같은 큰 발견을 이뤄 낸 물리학자인 경우는 없다. 그러한 실천에 대한 반성 위에 이 논의가 형성되고 있다는 점을 간과해서는 안 된다.

## 튜링의 사상

다음으로 폴라니와 정반대의 사상을 구축한 튜링이라는 수학자에 관한 이야기를 해 보자. 그의 업적 중 주요한 것은 튜링 머신(1936년), 튜링 테스트(1950년), 튜링 패턴(1952년), 이 세 가지다. 튜링 머신은 무한한 길이의 테이프와 테이프를 읽고 쓰는 헤드, 기계의 내부 상태를 기억하는 메모리, 이 세 부분으로부터 구성된 가상의 기계다. 이 기계는 헤드가 위치 정보를 읽어 내고, 헤드의 위치에 있는 테이프에 정보를 기록하고, 기계의 내부 상태를 바꾸며 헤드를 오른쪽이든 왼쪽이든 하나 이동하는 단순한 동작을 반복한다. 그리고 기계의 내부 상태가 '정지 상태'가

되면 동작을 멈춘다.

　이러한 기묘하고 단순한 기계를 공상해서 무엇을 할 것인가. 튜링은 이 기계를 이용해 적절한 프로그램을 테이프 상에 실제로 장착하면 어떠한 기계의 움직임도 시뮬레이션할 수 있는 '만능 튜링 머신'이 가능하다는 것을 보여 주었다. 이것은 바로 프로그램 가능한 컴퓨터의 이론적 가능성을 보여 준 것이다. 따라서 튜링은 '컴퓨터의 아버지'라 불리기도 한다. 컴퓨터를 전자공학의 성과로 여기는 사람이 많은데 실은 기호논리학의 부산물이다.

　튜링의 목적은 컴퓨터의 가능성을 보여 주기 위함이 아니라 수학기초론이라 불리는 분야에 공헌하는 것이었다. 이 기계를 사용해서 튜링이 직접 목표로 한 것은 어떤 명제를 증명할 수 있는지 없는지는 증명할 때까지는 모른다는 것을 증명하는 것이었다. 튜링은 이 기계로 증명과 계산이 실행되는 과정을 수학자의 심리 상태를 포함해 모델화했다고 한다.

　튜링의 두 번째 업적은 이른바 인공지능의 기초를 구축한 것에 있다. 당시 튜링은 맨체스터 대학에 있었는데 거기에는 '맨체스터 Mark I'이라는 세계 최초의 프로그램 내장형 컴퓨터 한 대가 있어서 튜링은 거기서 프로그램 개발 연구를 하고 있었다.

튜링 테스트는 컴퓨터가 인간의 사고를 시뮬레이션할 수 있는지 없는지를 판정하기 위한 테스트이다. 구체적으로는 두 개의 방에 각각 사람과 컴퓨터를 넣어 두고 또다른 방에 있는 사람이 이 두 개의 방과 문자 송수신만으로 통신을 해서 어느 쪽이 컴퓨터인지를 맞추는 것이다. 이 테스트에서 컴퓨터가 인간을 속일 수 있다면 그 컴퓨터는 인간의 사고를 시뮬레이션할 수 있다고 간주해도 좋다고 튜링은 주장했다.

튜링 패턴이라는 세 번째 업적은 생물의 형태 발생에 관련된 화학 반응의 수리 모델이다. 튜링은 어떤 조건이 충족되는 경우에는 균일한 상태에서 출발해도 거기서부터 균일하지 않은 분포가 자율적으로 형성될 수 있다고 증명했다. 즉 아무런 요철도 없는 평면 위에 여러 종류의 화학 물질을 균등하고 고르게 놓아도 거기에서 줄무늬나 소용돌이 치는 형상을 마음대로 생기게 할 수 있는 마법 같은 일이 가능함을 보여 주었다.

실은 튜링의 예상보다도 빠른 1951년에 생물물리학자인 보리스 벨루소프가 자율적이면서 주기적인 패턴이 나타나는 화학 반응을 발견하였다. 튜링이 예상했던 패턴은 시간상 변화 없이 일정하게 유지되었지만 벨루소프가 발견한 화학 반응은 리듬(주기)을 가진 변동하는 패턴이었다. 벨루소프의 발견은 그 당시에는 무시당했지만 1960년 후반에 같은 러시아의 아나톨 자보틴스키에 의해 확인되었다. 튜링 모델이 실제 반응으로 관찰되기까지는 1990년의 카스타Kasta와 그의 동료들의 실험을 기다리지 않으면 안 되었지만, 이러한 현상은 자기조직화 혹은 패턴 형성이라는 이름으로 불리며 1970년대 이후 폭넓게 연구되었다.

이 일련의 연구는 균일한 초기 상태에서 자율적으로 어떠한 패턴이 형성될 수 있다는 것을 보여 주었다는 점에서 획기적인 의의를 갖는다. 얼룩말의 줄무늬를 만들기 위해 가장 먼저 줄무늬를 이미지로 떠올릴 필요가 없고 어떤 화학 물질의 조합이 있으면 아무도, 아무것도 하지 않아도 자연스럽게 줄무늬가 만들어짐을 보여 준 것이다.

이러한 튜링의 일련의 연구는 수학기초론, 화학 반응 방정식, 전자공학, 컴퓨터 과학 등 다방면에 걸쳐 있지만 하나의 일관된 흐름을 읽을 수 있다. 그것은 생명과 관련한 고유한 발생이나 사고思考와 같은 현상은 기술記述이 가능한 수리 시스템으로 어디까지 해소 가능할까 하는 문제의식이다.

기계가 사고할 수 있다고 생각한 튜링은 생명 현상의 모든 것을 기록할 수 있다고 생각한 것 같다.*

### 대화하는 튜링과 폴라니

이처럼 사고와 생명이라는 문제에 관해 상반된 사상을 지녔던 폴라니와 튜링은 맨체스터 대학 동료였다. 입장이 정반대인 데다 나이 차이도 컸지만 두 사람은 신뢰 관계를 형성하고 있어 상당히 깊이 있는 논의를 했다. 1949년 10월 27일에는 다른 학자와 협력해 '마음과 계산 기계'라는 제목의 연구회를 맨체스터 대학 철학과에서 개최하였다. 유명한 튜링 테스트 논문은 폴라니의 권유로 썼다고 한다.**

그리고 폴라니의 저서 『개인적 지식』에도 튜링이 몇 번이나 등장한다. 그중 한 각주에 의하면 폴라니가 기계로는 판단할 수 없고 인간이 아니면 절대 판단할 수 없는 것이 있다고 주장한 데에 대해 튜링이 스스로 그 예가 되는 사진을 제공했다고 한다. 어떤 사진인가 하면 경마에서 순

---

* 이상의 기술은 앤드루 호지스의 『튜링』, 호시노 쓰토무의 『되살아나는 튜링』, 구라모토 요시키의 『비선형과학』, 야스토미 아유미의 『복잡함을 살다』 제1장에 의거한다.
** 앤드루 호지스, 『튜링』.

위를 판정하기 위한 사진으로, 언뜻 보기에는 2등을 한 말의 코끝이 1등을 한 말의 코끝보다 먼저 골인하고 있는 것처럼 보인다. 하지만 자세히 보면 코끝처럼 보이는 것이 실은 2등을 한 말의 침이라는 것이다.*

튜링 머신과 튜링 테스트는 "기계는 사고할 수 있다"는 튜링의 신념과 관련된 문제이다. 폴라니는 암묵의 차원이 없으면 사고는 성립하지 않는다고 생각했으므로 당연히 튜링과 정반대 입장에 서 있었다. 그리고 튜링 패턴은 발생의 과정을 복잡한 화학 반응으로 이해하는 입장이다. 폴라니는 발생 또한 창발 과정으로 봤으므로 이 또한 상반되는 입장이다.

튜링과 같은 접근 방식으로 탐구할 수 있는 것은 협동 현상에 한정된다고 말할 수 있다. 한 가지 요소만 바라볼 때는 예상치 못했던 현상들이 여러 요소를 상호 작용시킴으로써 나타나는 일은 흔하다. 그런 것을 보면 우리는 경탄한다. 그러나 아무리 우리를 놀라게 한다고 해도 그 거시 현상이 어떻게 해서 발생하였는가를 따져 묻고 들어가서 마지막에 개개의 요소가 가진 성질의 무엇이 관여해서 그러한 현상이 일어났는가를 밝힐 수 있다면 그것은 창발이 아니라 협동 현상이다.

---

* 마이클 폴라니, 『개인적 지식』.
앤드루 호지스, 『튜링』.

이러한 종류의 모델은 아무리 복잡해져도 복잡한 협동 현상의 모델일 뿐이며, 창발의 모델이 될 수는 없다. 언뜻 보기에 창발로 보이는 것이 협동 현상에 지나지 않는다는 것을 보여 주는 것이 이러한 모델의 목적이다. 예를 들면 어떤 정해진 계산 규칙에 기초한 경제적 행위를 하는 자동인형을 컴퓨터 안의 가상실체로 만들어 그것을 상호 작용시켜서 예컨대 화폐가 출현하거나 거품이 발생한다면 화폐나 버블 경제는 창발이 아니라 협동 현상이었다고 결론지을 수 있다.

　물론 나는 이 방향 탐구의 의의를 부정하는 것은 아니다. 내가 말하는 것은 이 방향은 창발의 탐구가 아니라 창발의 부정否定을 목표로 한다는 것이다. 그렇게 하면 목적과 수단이 일치한다. 실제로 튜링으로 대표되는 이러한 방향의 연구 발전은 눈부시다. 과거에는 이기적 창발이라고 생각된 것이 단순한 협동 현상에 불과했다는 사례는 너무 많아서 일일이 열거할 수 없다. 이 방향을 '튜링의 길'이라고 부르기로 하자.

　이러한 사실에 유의하면 창발을 연구하기 위해 복잡한 반응 방정식을 풀거나 컴퓨터 시뮬레이션을 하거나 인공 생명을 구성하는 접근 방식은 본질적인 모순을 안은 셈이다. 그것은 한편으로는 폴라니의 주장을 인정하면서, 다른 한편으로는 튜링의 접근 방식을 채용하기 때문이다. 즉 이러한 접근 방식은 튜링의 관점을 따르는 이상, 생명 현상에 창발이 불필요함을 나타냄을 목적으로 할 것이다.


## 창발을 어떻게 탐구할 것인가

자, 그러면 창발이 이러하다면 창발의 탐구란 무엇을 하는 것일까. 이러한 방향의 연구를 '폴라니의 길'이라고 부르기로 하자. '폴라니의 길'의 한 갈래는 창발이 일어나는 과정에 거주하는dwell in 접근 방식이다. 이는 폴라니가 활발히 수행한 것으로 확실히 큰 의미를 가진다. 폴라니의 책에는 창발과 암묵지에 관한 흥미로운 사례가 몇 가지 소개되어 있다.

햇병아리 의사가 흉부의 X선 사진을 보고도 뭐가 뭔지 몰랐다가도 수많은 사진을 보거나 선배 의사의 이야기를 듣다 보면 왠지 모르게 결핵과 폐암 같은 병소를 구분할 수 있게 되는 사례가 있다. 자전거를 타거나 수영을 하는 사람이 자신도 모르는 사이에 물리적으로 아주 합리적인 조작을 습득하는 사례나 아인슈타인의 상대성 이론의 발견 과정과 같은 사례 또한 등장한다.

그러나 그것으로는 충분하지 않아서 보다 많은 장면에서 유사한 사례를 모아 트집을 잡지 못하도록 할 필요가 있다. 그렇게 하면 창발을 부정하는 접근법에 의한 공격이 들어와도 창발 개념을 지켜 내는 데 도움이 될 것이다. 특히 진화의 창발 과정에 관해 폴라니가 들고 있는 사례는 그리 많지도 않은 데다가 이해하기 어려운 것이 많다. 생명이 가진 다양성이나 그 진화의 역사를 폭넓게 탐색해 무조건적인 최적화 같은 것으로는 결코 실현 불가능한 사례를 수집할 필요가 있다. 그 안으로 파고들어 생명 진화에서 창발의 역동성을 이해해야 한다.*

그리고 '생태계, 사회와 같은 집단적 수준의 창발이 있을 수 있는가'와 같은 문제는 거의 개척되지 않은 분야로 느껴진다. 이 또한 구체적인 사례 안으로 파고듦으로써 창발의 과정을 느낄 필요가 있는 문제라고 할 수 있을 것이다. 나는 일찍이 그러한 창발의 존재를 믿고 있었으나 최근에는 부정하는 쪽으로 기울고 있다. 몸뚱이가 없으면 창발이 일어나지 않는다고 생각하게 되었기 때문이다.

또 하나의 방법은 내가 최근에야 생각해 낸 것이다. 그것은 '창발을 저해하는 요소 고찰하기'와 같은 접근 방

---

* 물리학자인 오노 요시츠구는 『자연사 통합 1』에서 생명 진화에 관한 이러한 사례를 다수 수집해 체계적으로 고찰하고 있다. 단, 오노는 '협동 현상'을 '창발'이라고 부르고 '창발'을 '창발을 넘어서는 것'이라고 칭한다.

식이다. 이 접근 방식의 장점은 창발 그 자체는 암묵의 차원에 속하지만 창발을 저해하는 것은 명시적 차원에 속하므로 이른바 과학적 분석의 범주에 들어간다는 점에 있다.

사실 이 접근 방식 또한 폴라니가 추진한 것이다. 예를 들어 폴라니는 "모든 사람들이 인정한 객관적 지식"이라는 사상이 지식의 본질을 파괴한다고 지적했다. 이미 진술한 것처럼 암묵적 차원의 작동이 없으면 지식은 있을 수 없으므로 그 부정은 지식 기반 자체를 부정해 버리기 때문이다. 이 경우 '객관적 지식'이라는 잘못된 사상이 창발을 저해하는 것으로 밝혀졌다. 나아가 폴라니는 "종국에 모든 것은 물리와 화학으로 설명할 수 있다"는 '라플라스식 우주관'을 문제 삼는다. 그 유해한 영향이 20세기의 광범위한 문화와 시민 생활의 파괴, 나아가 사회적 혼란으로 귀결되었다고까지 주장한다.*

이러한 창발을 파괴하는 잘못된 생각을 지적하고 과학을 보다 인간적인 기초 위에 구축하는 것이 폴라니 접근 방식의 중요한 측면이다. 폴라니의 주장 중 이해하기 쉬운 것은 창발 자체에 대한 언급이 아니라 창발을 저해하는 것에 대한 언급이다. 그로 인해 폴라니의 주장에 공감하면서 창발의 개념을 오해하는 사람이 많아진다. 이 오해로 인해

---

* 마이클 폴라니, 『창조적 상상력』.

창발과 협동 현상의 혼동이 생기지만 폴라니의 입장에서 보면 그것은 '지식의 파괴'와 '사는 것에 대한 부정'으로 귀결되는 유해한 행위이다. 즉 창발을 표방하면서 튜링의 길을 찾는 것은 모순되는 논리이다.

이러한 오류에 빠지는 연구자는 많다. 이제 와서 무엇을 감추겠는가. 나 자신이 바로 그 오류에 오랫동안 빠져 있었다. 실제로 『화폐의 복잡성』이라는 책에서 나는 컴퓨터 시뮬레이션으로 다수의 중개상 사이에 화폐가 '창발'되는 것을 논증하였다. 게다가 애써 폴라니를 인용해서 그렇게 논의했으니 부적절했다.

단, 지금도 그 연구가 무의미했다고는 생각하지 않는다. 내가 제시한 것은 화폐라는 것이 창발 현상이 아니라 협동 현상에 지나지 않는다는 것이었다. 이것은 튜링의 길에 따른 연구였다. 이미 앞에서 말한 것처럼 튜링과 폴라니는 독창적인 대화가 가능했다. 이것은 튜링의 길과 폴라니의 길이 서로 대립하면서도 대화가 가능했다는 의미다.

문제는 폴라니의 창발을 앞세우며 튜링의 길을 가는 것이다. 이래서는 어디에도 당도하지 못할 뿐 아니라 여기저기 기만이 난무하게 된다.

## 후기 비평적인 탐구

회의주의에 의한 자유를 뛰어넘는 후기 비평적인 학문은 창발을 전제로 한다. 그러한 암묵적 능력이 이미 생명에 내재되어 있음을 인정하고 그것의 규명이 아니라 자유로운 발휘를 목적으로 삼는다. 그것은 회의를 전제로 하지 않는다. 믿는 것을 전제로 한다.

물론 무조건 믿는 것은 아니다. 튜링의 길을 통해 창발이 아닌 것을 철저히 밝히는 연구가 또 하나의 기둥이다. 무엇이 협동 현상에 지나지 않고 무엇이 그 잔여로 남을 것인가. 그렇게 함으로써 생명이 가진 암묵적 능력의 범위가 간접적으로 밝혀진다.

암묵적인 차원을 인정하는 폴라니의 길에 기초한 연구란, 하나는 직접 창발이 되어 봄으로써 그 작동을 느껴서 아는 연구이고 다른 하나는 창발을 저해하는 것에 관한 연구라고 현시점에서는 생각한다. 다음 장에서는 이 중 후자의 방향을 제시하고자 한다.

물론 이것은 그냥 연구에 머무르는 것이 아니다. 여기서 논하는 문제는 가치를 만들어 내는 경제 활동은 무엇인가 하는 것, 혹은 기업 등의 매니지먼트를 어떻게 해야 하는가와 같은 문제와 직결된다. 조직과 시장이 질서를 잃지 않고 운영되는 것은 그것이 제대로 설계되어 있기 때문도, 규칙이 옳기 때문도 아니다. 물론 조직 설계가 이상하면, 혹은 부당한 규칙이 적용되면, 그것은 무질서로 귀결된다. 그러나 이러한 것들이 질서를 만들어 내지는 않는다.

조직과 시장이 제대로 운영되기 위해서는 그 운영과 관련된 사람들이 고도의 계산을 실행할 필요가 있다. 그 계산량은 컴퓨터 같은 것이 실현할 수 있는 범위를 훨씬 넘어선다. 이 문제를 극복하려면 인간이 창발하는 힘에 의지할 수밖에 없다. 이 힘이 발휘되는 것을 어떻게 방해하지 않는가 하는 것이 매니지먼트의 근간이다. 이러한 문제에 관해서도 다음 장 이후에 논의를 하고자 한다.

5장

: 생명의 역동성 살리기


**암묵적 차원과 명시적 차원 구분하기**

'폴라니의 길'에 따라서 창발의 연구를 진행할 때 내가 중시하는 것은 창발을 저해하는 것에 관한 과학적인 고찰이다. 나아가 저해 요인을 단순히 분석하는 것이 아니라 그것을 제거했을 때의 의의를 밝히는 것이 중요하다고 생각한다.

　이 장에서는 먼저 '절차적 계산'과 '창발적 계산'이라는 개념을 설명한다. 다음으로 사람과 사물(대상)이 대화하는 장면을 생각하고 나아가 사람과 사람이 대화하는 경우를 생각한다. 그 과정에서 '괴롭힘'Harassment과 같은 개넘을 포함해 그 논의를 간략히 설명한다.

지금까지의 사회과학은 사람과 사람 사이의 상호 작용을 질적으로 구분하지 않고 '커뮤니케이션'이라는 이름으로 일괄적으로 처리해 왔다. 나는 이것이 사회과학을 비과학적으로 만든 큰 이유라고 생각한다.

그런데 사람 사이의 커뮤니케이션은 메시지의 상호작용 배후에 학습 과정이 작동하고 있는지 아닌지를 기준으로 해서 질적으로 구별해야 한다. 그렇게 함으로써 비로소 암묵적 차원에 속하는 '창발'과 명시적 차원에 속하는 '창발을 저해하는 것'을 구별해서 후자에 관한 과학적 분석이 가능해진다. 그렇게 하면 창발을 저해하는 것을 어떻게 제거해야 하는지에 대해 실천적인 고찰을 할 수 있다. 이것은 단지 학문적인 문제가 아니다. 창발을 살리는 길의 탐구는 인간 삶의 본질과 밀접하게 연결된 물음이다.


### 절차적 계산과 창발적 계산

나는 튜링 머신(즉 현재의 컴퓨터)으로 실현되는 계산을 '절차적 계산'이라 부르고 암묵지의 작동으로 실현되는 계산을 '창발적 계산'이라 부른다. 물론 이것은 튜링 계산의 개념으로부터는 결코 나오지 않는 것이다.

　창발적 계산은 수수께끼의 계산 과정이긴 하지만 디지털 계산에 의존하지 않고 실현된다는 것만큼은 확실하다. 왜냐하면 디지털 계산에서는 제1장에서 살펴본 것과 같은 NP 난해, 조합적 폭발에 직면하기 때문이다. 인간의 계산 과정이 튜링 머신과 상당히 다른 것은 분명하다. 첫 번째 이유는 뇌의 신경 회로의 불안정성이다. 컴퓨터의 계산 회로는 물리적으로 안정적이라는 것이 전제되고 있다. CPU 회로의 어딘가가 끊어지거나 하면, 곧바로 작동에 이상이 생기는 방식이다. 하지만 뇌는 굉장히 불안정한 회로이다. 인간의 성인 뇌는 하루에 약 1만 개의 뇌세포가 죽는다고 알려져 있다. 하나의 뇌세포는 1만~10만 개의 '손'을 가지고 다른 뇌세포와 접속하고 있다. 이 말은 1만 개의 뇌세포가 죽으면 1억~10억 개의 접속이 끊어진다는 의미다. 몇 초의 시간에도 1천 개에서 1만 개는 끊어진다. 이 정도의 속도로 회로가 끊기면서 계산이 안정적으로 실행될 수 있는 상황은 현재 컴퓨터의 연장선상에서는 상상할 수 없다. 실제로 내가 아는 컴퓨터 과학자에게 이 이야기를 하자 매우 놀랐다.

　최근 뇌과학 중에는 뇌세포의 접속 관계 그 자체에서

계산 능력의 원천을 구할 수 없으며 계산은 뇌세포의 상호 접속이 만드는 공간 내에서 발생하는 뇌세포 작동의 역동성 그 자체가 담당한다고 생각하는 사람이 늘고 있다. 그렇다고는 해도 그러한 '역동성이 계산을 담당한다'는 상황이 무엇을 의미하는지는 거의 알려져 있지 않다.

사실상 뇌과학은 매우 무리가 따르는 학문이다. 어느 뛰어난 뇌과학자가 가르쳐 준 사실인데 뇌는 수백억 개의 신경 세포로 만들어져 있다고 알려져 있지만, 뇌에 전극을 꽂아 전기 자극에 따른 반응을 살펴보는 동물 실험과 같은 일반적인 방법으로는 몇 가지 뇌세포의 움직임밖에 알 수 없다. 이것은 몇 명의 사람에게 간단한 설문 조사를 한 것으로 인류 사회 전체의 작동 원리를 추정하는 것과 마찬가지다. 뇌를 탐색하는 것은 우주를 탐색하는 일보다 어렵다.*

뇌과학에 비하면 경제학은 꽤 운이 좋다고 봐야 한다. 여하튼 우리는 경제 시스템을 구성하는 경제 행위를 만드

---

★ 이러한 어려움을 안고 있는 학문은 뇌과학만이 아니다. 예를 들면 토양과학은 더 어렵다. 한 줌도 안 되는 흙에 수십억 개의 미생물이 살고 있다. 미생물이 몇 종류나 있는지 모르지만 적어도 1,000종 정도는 있을 거라고 알려져 있다. 이것을 배양해서 분류하려고 하면 엄청난 시간이 걸리는데 토양 세균을 배양해서 관찰하면 계속해서 새로운 종이 발견되기 때문에 분류한 시점에서 정체를 알 수 없다. 그뿐이 아니다. 분류를 하는 동안 흙 안에서는 미생물의 흥망성쇠가 점점 진행된다. 즉 지금 여기 있는 흙에 살고 있는 미생물의 종류를 아는 것은 논리적으로는 절대 불가능하다.

는 장본인이기 때문이다. 게다가 경제시스템 작동의 과거 경위 또한 다양한 자료를 이용해서 밝힐 수가 있다. 경제학자는 자신들의 학문이 비과학적이라는 콤플렉스를 가지고 그 부족함을 채우기 위해 지나친 수리적 정비를 하려는 경향이 있다. 그러나 뇌과학이 과학이라는 것을 인정한다면 그러한 콤플렉스를 가질 까닭이 애당초 없다. 복잡기괴한 수리 모델을 날조하지 않더라도 경제에 관해 제대로만 생각하면 그것으로 충분히 과학적이다.

이렇게 어려운 상황에서도 뇌과학은 많은 과학적 성과를 거두고 있다. 최근의 성과 중에서 내가 중요하다고 생각하는 것은 뇌만이 계산하는 것이 아님을 분명히 한 점이다. 예를 들면 뇌신경과학자인 안토니오 다마지오는 신체 반응이 가진 중요성을 밝혔다. 다마지오는 정동情動 (Emotion)과 감정感情(Feeling)을 명확히 구별한다. 만약 귀로 폭발음을 들었다고 하자. 그러면 무의식중에 몸을 움츠리고 두근거림이 심해지며 땀을 흘린다. 이러한 신체 반응을 '정동'이라고 한다. 이에 비해 이 신체의 상태 변화를 뇌가 받아들여서 생기는 것이 '감정'이다. 앞의 예로 말하면 몸을 움츠리며 느끼는 것이 '공포'라는 감정이다.

## Don't think, FEEL!

이러한 원초적인 신체 반응에 기초한 '정동'에서 보다 복잡한 정동 반응을 만들어 낼 수 있다. 예를 들면 '무섭다'는 감정과 '폭발'이라는 개념을 연결해서 '폭발'에 관한 이야기를 듣는 것만으로 몸이 움츠러드는 반응을 형성할 수 있다. 이러한 정동과 개념의 연결을 반복함으로써 복잡한 의미가 구성되는 것 같다. 즉 '외부세계→뇌→신체→뇌'라는 형태로 일단 신체를 거쳐야 비로소 '의미'가 형성된다는 점에 주의할 필요가 있다.*

두루 아는 바와 같이 일본, 중국, 인도 등의 아시아 세계에서는 사고가 뇌가 아니라 복부에서 이루어지고 뇌는 단순한 데이터의 축적 기관에 지나지 않는다고 여겨져 왔다. 이러한 생각은 해부학적으로 복부에 사고를 지탱하는 기관이 없다는 것을 근거로 부정되어 왔는데 위에서 말한 최근의 성과는 그 생각이 꼭 틀리지는 않았음을 시사한다.

일본어로 '腹を決める'(배를 결정하다-마음을 정하다/작정하다), '腹の探り合い'(속을 떠보다-서로 상대방의 기분과 의도를 알려고 하다), '胆の据わった'(간이 침착하다-배짱이 두둑하다), '腹黒い'(속이 검다-엉큼하다), '腑に落ちる'(위장에서 체하지 않고 내려가다-납득이 가다)

---

* 안토니오 다마지오, 『생존하는 뇌: 마음과 뇌와 신체의 신비』.
야스토미 아유무·혼조 세이치로, 『해러스먼트는 연결된다』.

와 같은 말은 신체가 의미를 형성하는 데 중요한 역할을 함을 시사한다.

나는 암묵지의 작동을 통한 창발적 계산에는 신체가 결정적인 역할을 하며 신체와 뇌는 복잡한 상호 작용을 하고 있다고 추측한다. 그 계산 과정은 튜링 머신이 실현할 수 있는 계산 범위를 크게 벗어나고 있을 것이다. 이 부분을 나는 '창발적 계산'이라고 부른다.

영화 『용쟁호투』에서 이소룡은 다음과 같이 말한다.

"생각하는 것이 아니다, 느끼는 것이다!"Don't think, FEEL!

이 말을 이 책의 언어로 해석하면 다음과 같다.

"절차적 계산에 의존하지 마. 창발적 계산을 믿어!"

아마도 무술과 같은 격한 상호 작용 장면에서 절차적 계산에 의존하면 움직임이 굳어 곧바로 상대에게 제압당하고 말 것이다. 암묵의 차원을 최대한 전환해서 창발적 계산을 실현해 유연하게 싸우는 것이 무술의 비법이리라는 것은 충분히 상상할 수 있다. 그러면 인간이 어떤 과제를 수행할 때 어떻게 암묵의 차원을 열 수 있을까. 그리고 그것은 어떻게 하면 저해되는 것일까. 이 문제를 다음에 논하고자 한다.

## 사물에 안착하는 제어술

처음에 당신이 사물과 마주하는 경우를 생각해 보자. 당신이 사물에 뭔가 힘을 가하면 그때 사물은 당신에게 반응을 돌려준다. 예를 들면 망치로 뭔가를 두들기면 '탕' 하는 날선 소리가 나는 식으로 말이다. 이렇게 몇 번 망치로 두드리면 그 반응 상태를 통해 당신은 사물의 모양과 그 변화를 알 수 있다. 이때 당신은 사물 속에 잠입해서 그 사물에 안착하게 된다. 망치를 치는 당신과 사물을 포함하는 하나의 피드백 회로가 형성되어 그 회로의 작동 자체가 당신이 '사물을 이해'하는 창발을 낳는다.

그런데 이 회로는 고정되어 같은 운동을 반복하는 회로가 아니다. 왜냐하면 당신은 사물과의 '대화' 속에서 사물에 대한 인식을 심화하고 계속 바꾸어 나가기 때문이다. 그에 따라 사물도 수동적이지만 사물 자체의 성질에 따라서 변화해 나간다.

예를 들어 이런 물건과의 대화가 공예품의 제조 공정이라고 한다면 이 운동의 발전 결과로 '혼이 담긴' 아름다운 제품이 나온다. '혼이 담겨 있다'는 것은 절차적 계산으로 표면을 다듬은 것이 아니라 창발적 계산으로 계산량 폭발을 넘어선 엄청난 계산량으로 처리되었다는 의미이다.

이 회로의 작동이 다름 아닌 창발의 과정이다.

이 창발을 저해하려면 그 회로를 끊어 버리면 된다. 가령 당신이 내리치려 들어 올린 망치를 내가 강력한 자석으로 끌어당긴다면 망치의 궤도가 뒤틀려 제대로 두드리지 못하게 된다. 혹은 사물과의 '대화'에 몰두한 당신에게 "어이, 오늘 점심 때 먹은 생선 맛있었지" 하고 말을 건다면 아마 당신은 신경이 흐트러져서 대화에 실패할 것이다. 좀 더 효과적인 것은 코치하는 척하면서 말도 안 되는 트집을 잡는 것이다. "뭐야, 손목을 그런 식으로 돌리면 효율적으로 치지 못하잖아. 그것 봐, 제대로 맞지 않잖아. 게다가 그 왼손. 망치가 왼손을 안 치게 좀 떨어져서 잡지 않으면…… 봐라, 봐라. 왼손을 때리고 말았네. 내 말대로지."

이로써 당신의 암묵지 작동은 엉망이 되고 만다. 이러한 물리적이거나 커뮤니케이션적인 회로의 절단이 창발을 저해한다.* 이 말은 그러한 방해 요인을 제거하면 창발을 촉진할 수 있다는 뜻이다. 즉 사람과 사물이 상호 작용하는 회로가 끊어지는 것이 문제이며, 그것을 접속하는 것이 창발이 일어나기 위한 필요조건이다. 회로를 연결하는 것이 애당초 물리적으로 어려운 경우에는 그것을 접속하는 지식이나 도구 등이 창발의 저해 요인을 제거하는 역할

* 테즈카 가즈시, 『마음에 불을 붙이는 키즈 코칭 투수편』.

을 한다.

가령 다루는 대상이 나노미터(10억분의 1미터)와 같은 극소 크기의 물체인 경우를 생각해 보자. 그렇게 극히 작은 사물을 인식하는 것은 매우 어려운 일이다. 물론 인간의 감각은 매우 뛰어나서 나노미터 단위의 사물의 배열을 손가락 끝으로 느끼는 것도 충분히 가능하다. 예컨대 근성을 발휘해 진흙 경단*을 만들면 번쩍번쩍 광이 나게 할 수도 있다. 그 표면은 전자현미경으로 봐도 반들반들한데, 그것은 숙련의 정도에 따라 나노미터 단위로 제어할 수 있음을 의미한다. 이 경우 진흙 경단과 사람 사이에 형성되는 회로가 작동함으로써 창발적 계산이 실현되었다고 볼 수 있다.

교육심리학자인 가요 후미오에 의하면 그것은 진흙 경단이 건조하는 과정에서 발생하는 미세한 입자의 움직임을 정교하게 포착함으로써 실현된다고 한다. 그 정교한 제어가 '혼이 담긴' 경이롭게 빛나는 진흙 경단으로 귀결된다.**

물론 이러한 수준의 제어를 누구나 곧바로 달성할 수 있는 것은 아니다. 그렇다면 이 표면 상태를 어떤 동적인 관측 기기로 늘 볼 수 있다면 어떻게 될까. 그렇게 하면 섬

---

* 흙과 물을 이용해 경단처럼 동그랗게 굳힌 것. 일본 전통 흙 놀이의 하나로, 진흙 경단의 표면을 구슬처럼 반들반들하게 닦는 광내기 작업을 통해 점차 예술 작품으로 승화되었다.

** 가요 후미오, 『빛나는 진흙 경단』.

세한 손길을 갖지 않은 사람이라도 나노미터 단위의 사물과 회로를 만들어 낼 수 있다.

손끝으로 나노미터 물체의 양상을 느끼지 못하는 사람은 그 물건과의 사이에서 회로를 형성할 수 없다. 그런 이상 거기에 더 안착해 있는 것은 불가능해서 창발적 계산은 실현되지 않는다. 거기에 관측 기기를 도입해서 물체를 '보는' 것이 가능하게 되면 회로를 형성하는 것이 가능해진다. 이때 이 관측 기기는 창발에 저해가 되는 요인을 제거하는 역할을 한다.***

이러한 일은 물론 진흙 경단만의 문제가 아니다. 고도의 기술을 구사해서 생산물을 제조하는 공장의 운영 혹은 복잡하고 정교한 조작을 필요로 하는 제품의 개발 등과 직결되는 문제이다. 중요한 것은 사람과 사물 간 회로의 형성을 저해하는 요인을 가능한 한 제거하는 것이다. 물론 그것만으로 당신에게 창발이 반드시 일어나지는 않는다. 그러나 그 가능성은 확실히 높아진다.

### 창발적 커뮤니케이션

다음으로 사람과 사람이 마주한 경우를 생각해 보자. 내가

---

*** 과학자 구로타 고지와의 논의에 기초하고 있다.

당신에게 말을 건다. 당신이 그것을 받아들여서 대답한다. 내가 그것을 받아서 당신에게 말을 건다. 그것을 당신이 받아들여서…… 이 주고받음으로 연결된 사슬 또한 하나의 순환하는 피드백 회로를 형성하고 있다. 이 회로에 쌍방이 머무르며 서로에 관해 배우고 새롭게 인식할 수 있을 때 거기서 창발적 커뮤니케이션이 성립한다고 할 수 있다. 이때 서로는 상대방의 메시지를 받아들일 때마다 본인의 인식을 새롭게 할 준비가 되어 있지 않으면 안 된다. 그것을 나는 '학습'이라고 부른다.

메시지의 수신, 학습, 송신과 같은 작동을 쌍방이 유지할 때 이것을 '대화'라 할 수 있다. 따라서 '대화'와 '창발'은 불가분의 관계에 있다. 이 대화를 방해하는 것은 어떤 것일까? 물론 대화를 할 수 없도록 물리적으로 저해하는 것도 포함되지만 지금은 그것에 관해서는 생각하지 않겠다.

사람들이 표면적으로는 대화를 계속하고 있는데 창발이 일어나지 않는 장면은 충분히 생각할 수 있다. 이럴 때 창발을 방해하는 것은 타자에 대한 학습을 멈추는 것이다. 예를 들면 당신이 나에게 말을 건다. 그 말을 받은 나는 당신에 대한 인식을 새롭게 하고 다시 말을 돌려준다.

당신도 똑같이 그렇게 한다. 그렇게 대화가 이뤄지는 중에 내가 갑자기 당신에 관한 학습 회로를 정지했다고 하자.

다시 말해 내가 당신의 반응을 재료로 삼아 당신의 이미지를 마음대로 만들고 고정시켜 버린다. 그 이미지를 당신으로 간주하고 그 이미지를 향해 말하고 그 이미지를 향해 행동한다. 바로 지금 당신의 모습에는 주의를 기울이지 않는다. 그 이미지에서 비어져 나오는 당신의 모습을 '실수'로 간주해 무시하거나 공격한다. 그러면서 "이러이러한 것이 당신의 참모습이니 그것과 다르게 행동하는 네가 잘못한 거야"와 같은 메시지를 보낸다. 이렇게 학습을 정지하고 조작된 상을 타인에게 떠넘기는 행위는 대화의 회로를 끊어 버린다. 그 상태에서 메시지를 계속 주고받는다 해도 그것은 매번 말해야 할 것을 찾아내서 전하는 어색한 행동의 반복일 뿐이다. 메시지가 메시지를 낳고 풍요로운 발전을 보이는 일은 일어나지 않는다.

이러한 상태에서도 '대화를 계속해야 한다'는 죄책감으로 학습 과정이 정지된 사람과 메시지 교환을 유지하는 것은 위험한 행동이다. 그것이 되풀이되면 당신의 학습 과정도 파괴되고 만다. 그러면 거기에 지배와 종속이 생긴다. 이러한 상황에서는 새로운 가치가 생길 수 없다. 이미 있는 것의 재사용과 쟁탈전이 있을 뿐이다. 이러한 학습 과정의 정지는 창발을 저해하는 요인이다. 이 저해 요인을 제거해야 창발이 촉진된다.

이 문제를 다른 각도에서 생각해 보자. 그림 1은 사람과 사람이 창발적으로 대화하는 장면을 그린 것이다. 이 경우 가령 A가 B에 대해서 메시지를 던졌다고 하자. B는 그 메시지를 계속 받으면서 메시지를 던진 A에 관한 이미지를 다시 수정하고 스스로의 상황에 관한 인식을 다시 수정한다. 이 수정하는 작업을 '학습'이라고 부른다. 이 학습 과정을 작동시키는 B는 메시지를 A에게 돌려준다. 그것을 받은 A 또한 학습을 수행하고 그 상태에서 메시지를 돌려준다.

암묵의 차원에서 작동하는 감각이 가르쳐 주는 점을 정확하게 포착하는 것이 학습에서 중요하다. 이미 말한 바와 같이 창발적 계산은 신체에 의존하고 있는 부분이 크기 때문이다. 이처럼 쌍방이 자신의 신체가 느끼는 점을 정확하게 파악하고 쌍방이 학습 과정을 자유롭게 하는 경우에 생성되는 커뮤니케이션을 '창발적 커뮤니케이션'이라고 부르기로 하자.

이에 비해 그림 2는 창발적이지 않은 병적인 커뮤니

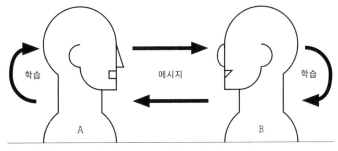

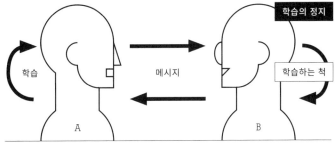

학습의 정지

학습하는 척

케이션을 그린 것이다. 이 경우 A로부터 메시지를 받아든 B는 학습 과정을 정지시킨 상태에서 학습하는 시늉을 하면서 A에게 메시지를 돌려주고 있다. 이에 비해서 A는 그 메시지를 진지하게 받아들여서 B에 관한 학습을 한 상태에서 메시지를 돌려준다. 그런데 이에 대해서도 B는 학습을 수행하지 않고 메시지를 돌려준다. B는 자신에게 유리한 A의 형상을 날조해서 그 형상을 향해 메시지를 내놓는다. B가 안고 있는 A의 형상은 박힌 상태로 A가 그 형상에서 벗어나면 그것을 부정하는 공격적인 메시지를 보내는데, 동시에 "이것은 공격이 아니다"라는 메시지도 함께 보낸다. 이 두 가지 모순된 메시지를 보내는 것으로 B는 A의 학습 과정을 혼란에 빠트릴 수 있다. 이 병적인 커뮤니케이션을 나는 '괴롭힘'harassment이라고 부른다.

　　주의해야 할 것은 창발적 커뮤니케이션이 반드시 서로 부드럽고 온화하게 소통하는 것만을 의미하지 않는다는 것이다. 쌍방이 서로 제 느낌에 따라 자신을 내던지고 있으면 언뜻 보기에 격한 말이 오가며 한바탕 다투는 것처럼 보인다. 같은 논리로 '괴롭힘'(학대)이 일어날 때도 겉으로는 부드럽고 온화한 대화가 이루어지는 경우도 많다. 문제는 서로가 상대방에 대해 느끼는 것을 본인 스스로에게 왜곡하고 있는 것은 아닌가 하는 것이다.

　　그리고 또 하나 주의해야 할 점이 있다. 그것은 학대가 커뮤니케이션에 중요한 요소가 되는 규칙, 제도, 개념, 언어, 기호 등이 있어서 비로소 가능해졌고, 게다가 그러한 것들은 본질적으로 괴롭힘의 측면을 늘 띠고 있다는 점이다. 그것은 마치 식칼이 요리를 할 때 꼭 필요한 도구임에도 불구하고 살인의 도구로도 쓸 수 있는 것과 비슷하다. 살인을 방지하기 위해 식칼을 전부 없애는 것이 불가능한 것처럼 예컨대 괴롭힘을 없애기 위해 규칙을 전부 없애는 것은 불가능하다.

식칼은 살인의 도구가 될 수 있다는 것을 의식하면서 요리를 위해 사용해야 한다. 규칙은 그것이 괴롭힘의 도구가 될 수 있음을 항상 주의하면서 커뮤니케이션을 위해 사용해야 한다. 그 사실을 잊고 규칙을 휘두르면 식칼을 휘두르는 것 이상으로 위험하다.

### 괴롭힘이 가져오는 도착화

괴롭힘이 무서운 것은 그것이 무의식중에 작동하기 때문이다. 괴롭힘을 받으며 그때 느끼는 '싫다'는 신체 반응을 부정하고 "상대가 나를 위해 그렇게 한다"고 생각해 버린다고 가정하자. 그러면 자신의 느낌과 자신이 생각하고 있는 것이 서로 대응하지 않게 된다. 이 상태에 장기간 놓이면 인간은 거기에 적응하는 학습을 하고 만다. 그러면 다음과 같은 비정상적인 판정 기준을 자기 안에 만들어 버리는 경우가 있다.

'싫은' 느낌을 주는 사람 = 나에 대해 생각이 있고 배려가 있는 사람

이것이 좀 더 진행되면 다음과 같이 도착倒錯화된 관계식을 스스로 제 안에 구축하기에 이른다.

싫은 느낌 = 옳은 것, 좋은 것
기쁜 느낌 = 잘못된 것, 나쁜 것

이러한 도착화는 실은 드문 일이 아니다. 아니 매우 보편적인 현상이다.

예를 들면 나고야 사람은 아주 맛있는 것을 먹으면 "맛있어서 안 돼"라고 말한다. 무엇이 '안 되는' 것인가 하면 맛있는 것을 먹으면 '기쁜' 감정이 올라와서 동시에 '안 된다'는 감정이 드는 것일 게다. 혹은 최근의 젊은이들이 자주 입에 담는 '야바이'*라는 말도 같은 의미다. 그들은

---

* ヤバイ. '위험하다' 혹은 '큰일 났다'는 의미로 사용하던 속어. 예컨대 약속 시간을 잠시 잊고 있던 사람이 시계를 보고 약속 시간이 다 된 걸 알았을 때 다음과 같이 말한다. "앗! 야바이" 그런데 최근 설문에 따르면 일본 젊은 층의 90퍼센트가 '매우 훌륭하다', '매우 멋지다'는 의미로 이 말을 사용한다. 일본 온천에 갔을 때 젊은이 몇몇이 온천물에 발을 담그면서 '야바이'라고 하는 걸 들은 적이 있다. '온천물이 좋다'는 의미였을 것이다.

훌륭한 것을 만나면 "야바이"라고 말한다. 이것도 "맛있어서 안 된다"와 같은 논리로 훌륭한 것을 만났을 때 자신의 '기쁘다'는 감각이 위험하다는 의미인 것이다.

동일한 사고방식이 이자크 디네센의 소설 『바베트의 만찬』에 아름답게 그려져 있다. 이 소설은 영화로도 만들어져 1987년 아카데미 최우수 외국어 영화상을 수상하였다.

19세기 덴마크 유틀란드 반도 시골의 한 프로테스탄트 마을. 어느 노老자매의 집에 프랑스에서 망명한 요리사 바베트가 방문한다. 바베트는 노자매의 집에 함께 살게 되는데, 이 자매는 루터파에 속하는 한 분파의 창시자의 딸들로 독실한 프로테스탄트이다. 그곳에서 14년 동안 평온히 지내던 바베트는 프랑스에서 친구가 사 준 복권이 당첨되어 거금을 손에 넣게 된다. 바베트는 프로테스탄트의 가르침에 따라 극히 검소한 생활을 하고 있던 노자매에게 그녀들 아버지의 탄생 100주년을 기념하는 만찬회를 열자는 특별한 부탁을 한다. 바베트는 파리에서 들여온 바다거북을 비롯한 고급 재료를 사용해 호화로운 만찬 준비를 시작한다. 노자매와 마을 사람들은 그 준비 광경에 경악한다. 바베트의 요리는 마을 사람들의 상상을 한참 초월하여, 그러한 요리가 가져다줄 쾌락에 몸을 맡기는 것은 프로테스탄트의 종교적 신념에 반하는 것으로 악마의 유혹에 넘어가는 것과 마찬가지이기 때문이다. 마을 사람들은 서로 합의해서 만찬회에서 무엇을 먹더라도 "맛있다"고 느끼지 않는 것처럼 굴자고 맹세한다.

> "우리를 이끌어 주는 분의 기념일에 혀를 쓰는 것은 감사와 기도의 말을 할 때만 하고 그 외에는 아무 말도 하지 않고 넘어가는 게 어떤가. 고상하고 정신적인 이야기를 하는 것 말고는 혀를 사용하지 않는 것이네. 그리고 미각이 전혀 반응하지 않는 것처럼 행동하도록 하지."
> —이자크 디네센, 『바베트의 만찬』*

만찬회 당일 신자들은 식사 전 기도를 할 때 음식과 관련된 말은 절대 하지 말고 음식을 음미하는 것도 전혀 하지 말자고 결의를 다진다. 파리의 최고 요리사였던 바베트가 만들어 내는 최고급 진수성찬이 주는 기쁨을 노자매와 마을 사람들은 필사적으로 억누르며 묵묵히 먹기만 한다.

이러한 종류의 도착화를 전제로 하면 '기쁘다', '기분

---

★ 이 책은 한국에 『바베트의 만찬』(문학동네, 2012)이라는 같은 제목으로 출간되었다.(옮긴이 주)

이 좋다'고 느끼는 것은 좋지 못한 일이다. 역으로 좋은 것은 '싫다', '괴롭다'는 감각을 수반하지 않으면 안 되는 것이다. 그런데 창발적 커뮤니케이션은 설령 그것이 격한 논쟁이어도 양쪽 모두에 기쁨을 준다. 따라서 대화를 나누는 한쪽이 '괴로운 것=옳다'라는 도착적인 관계식을 가지고 있다면 그 사람은 창발적 커뮤니케이션을 만나면 몸이 움츠러들기 마련이다. 몸이 위축되면 학습은 정지한다.

이러한 사람은 이전에 감각을 자유롭게 열어 놓고 커뮤니케이션을 하려다 마음을 다친 경험이 쌓여 그 과정에서 감각을 억누르고 자신을 지키기 위해 적응한 것이다. 바꾸어 말하면 '학습을 정지하는' 학습을 한 꼴이 된다. 학습이라는 메커니즘은 원리적으로 정지하기 쉬운 약점을 지닌다. 학습은 '학습하지 않는다'는 학습을 허용하지만, 일단 학습을 하지 않으면 어떤 변화도 일어나지 않으므로 '학습을 재개하는' 학습도 할 수 없기 때문이다.


## 움츠러든 몸

만약 당신이 창발을 접하면 곧바로 움츠러드는 상태인 경우, 그럼에도 대화를 계속한다면 어떻게 될까. 이때 당신은 학습 과정을 정지한 상태에서 커뮤니케이션을 하게 될 것이다. 즉 그것은 괴롭힘을 상대방에게 행사한다는 결론에 이르게 된다. 이렇게 해서 의식상으로는 '옳은 일'을 하면서 실제로는 '타자에 대한 학습 과정의 정지=괴롭힘을 행하게 된다'는 것이다. 이것이 괴롭힘이 무의식적으로 생기는 이유이다.

누군가로부터 괴롭힘을 받은 사람은, 이런 형태로 다른 사람을 괴롭힐 수도 있다. 물론 괴롭힘을 받고 있는 것을 '나쁘다'고 인식한다면 이러한 연쇄 작용을 일으키지 않을 수 있다. 문제는 그러한 행위를 하는 상대방의 악의를 똑바로 보지 못하고 "이것은 어쩔 수 없는 것이다", "이 사람은 나를 생각해서 그렇게 하고 있는 것이다", "내가 잘못했다"와 같은 식으로 자신을 탓하는 경우이다. 이때 학습 과정의 정지는 '옳은 일' 혹은 적어도 '어쩔 수 없는 일'로 바뀐다. 이때 자기 본래의 감각과 욕구는 크게 달라져 그러한 감각과 욕구를 느끼는 것은 나쁜 일이라고 생각하고 만다. 이렇게 해서 자기혐오가 생긴다.

나는 이러한 상태에 빠지는 것을 '속박에 갇혔다'고 표현한다. 즉 괴롭힘을 받으면서 그 고통을 얼버무리기 위해 '나를 공격하는 사람은 나쁘지 않다', '그것은 옳은 일이다' 혹은 '내가 바라는 것이다'라고 생각하는 것, 이것이 속박에 갇히는 일이다.

이렇게 되면 '나쁜 것은 나'이다. 이러한 속박에 갇힌 학대 피해자를 '하랏시'ハラッシ−라고 부른다. 이것은 학대를 행하는 가해자를 '하랏사'ハラッサ−라고 부르는 것에 대응한다.

괴롭힘의 단순 피해자와 속박에 갇힌 피해자 하랏시의 차이는 매우 크다. 단순 피해자는 고통을 느끼지만 그것을 스스로 받아들인다. 하지만 하랏시는 그것을 스스로 받아들이지 않고 타인에게 해를 끼친다. 이때 '하랏시'는 '하랏사'와 공범이 되고 타인에게 괴롭힘을 행하므로 '하랏시=하랏사'가 된다.

어떤 사람이 괴롭힘을 받고 속박에 갇혀 학습 과정을 정지해 버리고 그 상태에서 다른 사람과 대화를 하면 무의식적으로 괴롭힘을 행사하고 만다. 그 괴롭힘을 받은 사람도 학습 과정이 정지해 그 사람 또한 누군가에게 무의식적으로 괴롭힘을 행하게 된다. 이렇게 해서 괴롭힘은 무의식 중에 연쇄된다. 괴롭힘에 관한 여러 연구들이 밝히고 있듯이 이러한 방식을 구사하는 사람들의 행동 패턴과 이러한 사태의 발생 패턴은 정해져 있다.

인간성에서 여유를 상실한 하랏사와 하랏시는 똑같은 수단, 똑같은 말투, 똑같은 논리, 똑같은 표정을 구사해서 똑같은 상황을 만든다.*

나는 『괴롭힘은 이어진다』 제2장에서 대학에서 이뤄지는 괴롭힘에 관한 가공의 이야기를 하나 만들었다. 솔직히 말하자면 이 이야기의 기본 스토리는 나를 스스로 취재해서 얻은 것이다. 내 안에서 가해자로서의, 그리고 피해자로서의 괴롭힘의 요소를 추출해서 그것을 주축으로 삼은 내용에 내 주위에서 일어난 사례와 보도 등에서 취재한 내용을 접합해서 구성했다.

이처럼 몇 가지 사례를 나의 괴롭힘 측면에 접합해서 이야기를 만들며 깨달은 것인데 전혀 다른 사건의 발언과 행위를 합성해도 서로 모순되지 않는다는 것이다. 게다가 이처럼 내가 만들어 낸 이야기를 읽은 한 익명의 독자에게서 "어느 장면도 어느 인물도 어떤 말도 내가 경험했던 것과 정말 완전히 똑같습니다"라는 메일도 받았다. 이것은 나를 포함해 많은 사람이 괴롭힘이라는 상황 아래 동일한 작동 원리에 따른다는 것을 시사한다.

괴롭힘을 행하는 사람은 창발성을 잃었으므로 '절차적 계산'에 의해 행동과 말을 산출한다. 그런데 인간이 가

---

* 마리-프랑스 이리고앵, 『모럴 해러스먼트』.
마리-프랑스 이리고앵, 『모럴 해러스먼트가 사람도 사회도 망친다』.

진 '절차적 계산 능력'은 컴퓨터와는 비교가 되지 않을 정도로 몹시 빈약하다. 그렇게 속도가 떨어지는 계산 능력으로 복잡한 인간관계에 대처하려고 하면 필연적으로 정형화된 행위를 베끼는 데 그치고 만다. 그리고 이러한 행위를 만들어 내는 인물의 사고 패턴은 늘 놀랄 만큼 진부하다.

인간은 본래 풍부한 행동의 가능성을 가졌고 다종다양하고 예측 불가능한 행위를 하는 존재인데 괴롭힘 상황 아래에서는 엄청 단순하고 예측 가능한 행위를 한다. 따라서 이 부분에 관해서는 분석적 이해를 적용하는 것이 가능하다.

### 자기기만과 권위주의적 인격

이 책의 2장에서 논의했던 핑가레트가 말하는 '자기기만'은 괴롭힘과 직접적인 관련이 있다. 괴롭힘을 받은 사람이 그 고통을 견디지 못하고 "어쩔 수 없는 일"이라며 스스로를 구슬려 고통을 외면하려고 할 때 그 사람은 속박에 갇혔다. 속박이란 자신이 '괴롭힘의 피해자'라는 사실을 모른 척하면서 가해자가 나쁜 것이 아니라며 스스로를 탓하는 상태이다.

자신에게 퍼붓는 부조리한 공격의 그 부조리함을 느끼면서도 그것을 묵살하는 행위는 그 자체가 자기기만이다. 자기기만은 암묵적 차원에서 작동된 결과이다. 그런데 그것은 '학습하지 않는' 방향으로의 학습이다. 자동차 소리를 암묵적으로 분간하는 것과 자기기만이 같은 암묵적인 기능에 근거한다고 해서 자기기만을 '어쩔 수 없는 것'이라고 옹호할 수는 없다. 자기기만은 살기 위해서 필요한 적응 능력을 악용한 것이기 때문이다. 또는 그 능력을 타자가 악용하는 것을 달갑게 받아들이는 '자신에 대한 배반'이기 때문이다.

에리히 프롬은 괴롭힘과 같은 것을 '사도 마조히즘'이라는 개념으로 이야기하였다. 프롬은 타자의 지배를 목표로 하는 사디즘과 자신을 움츠러들게 하고 약하게 하고 상처 입히는 마조히즘이 본질적으로 같다고 예리하게 통찰했다. 두 가지 모두 생명을 파괴하려는 충동에서 유래해서 이것이 타자를 향하면 사디즘이고 자신을 향하면 마조히즘이 된다.

이러한 사도 마조히즘적 특징을 가진 파괴적 인격을 '권위주의적 인격'이라고 부른다. 이것은 내가 '하랏시=하랏사'라고 부르는 것과 대응한다. 프롬은 '개인 안에 볼 수 있는 파괴성의 정도는 생명의 성장이 억압되는 정도에 비례한다'고 지적하고 그 원인이 '생명 전체의 장애, 즉 인간의 감각적, 감정적, 지적인 여러 능력의 자발적인 성장과 표현의 방해'에 있다고 보았다. 그리고 다음과 같이 주장하였다.

> 삶은 그 자체에 내적 역동성을 지니고 있다. 그것은 성장하고 스스로를 표출하고 스스로의 생존을 추구한다. 만약 이 의욕을 방해 받으면 삶을 향한 에너지는 변질 과정을 거쳐 파괴를 지향하는 에너지로 바뀐다. 다시 말하면 삶에 대한 충동과 파괴에 대한 충동은 서로 독립된 요소가 아니라 반비례의 상호의존 관계를 이룬다. 삶에 대한 충동이 방해받을수록 파괴를 향한 충동은 강력해진다. 삶이 더 많이 실현될수록 파괴성의 정도는 줄어든다. 파괴성이란 실현되지 않은 삶의 소산이다.
> ─에리히 프롬,『자유로부터의 도피』

나치즘의 근원을 동시대적으로 탐구한 프롬의 이 사색은 인간 파괴성의 본질을 폭로하고 있다. 내가 펼치는 주장의 직접적인 원천을 거슬러 올라가면 여기에 도달할 것 같다.

단, 프롬의 논의에는 찬성하기 어려운 점이 하나 있다. 이러한 충동이 생기는 이유를 개인의 고독감과 무력감에서 찾고 그것이 근대적 자아에서 유래한다고 생각하는 점이다. 프롬은 근대 유럽에서 인간이 공동체로부터 처음 이탈함으로써 선택의 자유를 획득함과 동시에 타자와의 연대와 유대를 상실하고 고독감과 무력감에 직면했다는 정형화된 인식에 빠져 있다.

나는 프롬의 생각과는 달리 괴롭힘의 원천이 되는 고독감과 무력감이 타인에게서 받은 괴롭힘을 원천으로 하고 있다고 생각한다. 내가 『복잡함을 살다』, 『괴롭힘은 이어진다』에서 자세히 썼듯이 나는 이러한 생각을 심리학자인 앨리스 밀러, 아르노 그륀에게서 배웠다. 여기서 그들의 사상을 상세히 쓸 여유는 없지만 그 주된 논점은, 어른이 아이에게 가한 폭력과 학대, 나아가 목을 옥죄며 대하는 방식이 아이의 마음을 파괴하고 본성을 잃게 해서 인간의 내적인 파괴성을 만들어 낸다는 것이다.

프롬은 권위주의적 인격의 유래를 근대인이 공동체적 유대로부터 이탈한 것에서 찾는다. 이에 비해 나는 권위주의적 인격에서 볼 수 있는 학대 요소의 유래를 그 사람이 받은 괴롭힘에서 찾는다. 즉 괴롭힘이 괴롭힘을 낳는다고 생각하고 있다. 괴롭힘이란 학습 과정의 정지이고 괴롭힘에서 벗어나는 것은 학습 과정의 회복이다. 비유적으로 표현하자면 나는 개개인의 마음속에서 학습 과정의 작동(삶)과 정지(죽음)가 서로 다투고 있다고 본다.

6장에서 살펴볼 내용인데 프롬이 의거하는 마르크스주의적인 공동체 유대와 시장적 자유의 대립은 환상이다. 따라서 프롬이 논의한 이 부분은 성립하지 않는다고 나는 생각한다. 그럼에도 나치즘뿐만 아니라 인간을 억압하는 것의 정체를 '사도 마조히즘'이라는 형태로 밝히고 그것이 생명의 역동성을 드러내는 것을 저해한다고 밝힌 프롬의 통찰은 인류사적으로 중요성을 띠고 있다. 이 통찰을 손에서 놓지 않는 것이 인류의 미래에도 결정적인 의미를 가진다고 생각한다.


### 피터 드러커는 '피드백'을 하자고 말한다

경영학의 창시자인 피터 드러커는 오스트리아 태생으로 나치의 지배에 반대해 1937년 미국으로 망명했다. 드러커는 프롬이나 폴라니와 마찬가지로 왜 이러한 자유의 붕괴가 일어나고 사람들이 전체주의를 지지했는지를 고찰하며 일이 제대로 돌아가지 않은 것에 그 근본적인 원인이 있다고 보았다.

20세기 초에는 조직이라고 부를 수 있는 것이 정부 이외에는 거의 없었는데, 그것이 무시무시한 속도로 확대되었다. 하지만 사람들은 조직을 운영하는 능력이 부족했고, 이에 고용인이 일을 시키는 새로운 방식을 생각해 냈는데 바로 조직을 운영하는 데 필요한 피고용자의 지식 발휘를 불가능하게 하는 것이었다.

조직의 기능 부진은 사람들에게 불안을 초래했고 그 모순의 해결 방법을 '사회'에서 구하도록 하였다. 이것이 전체주의로 이어진다. 그러므로 전체주의에 대항하기 위해 필요한 것은 사람들이 조직을 통해서 일을 제대로 할 수 있도록 하는 것, 즉 조직을 관리하는 방법을 밝히는 것이었다. 그 방법은 사람들에게 일을 시키는 것이 아니라 사람들이 창발성을 발휘할 수 있도록 조정하고 피드백을 하는 것이다.

계획을 제어하며 조직을 운영하는 것은 불가능하다. 그렇게 하면 금세 계산 폭발과 비선형성의 문제로 발이 묶여 버리기 때문이다. 고로 가능한 것은 일단 해 보고 결과를 제대로 인식해서 오류가 있으면 즉시 수정하는 것이다. 이 피드백 회로는 조직 전체가 외부와 연결되어 있을 필요가 있는 것은 아니다. 조직 내부에서 일하는 사람 전원이 자기 자신의 움직임이 가져올 결과에 성실히 대응하고 피드백 회로를 작동시켜야 한다. 이는 곧 자기기만으로 책임을 회피하지 않는 것이다.

조직에서 가장 중요한 부분은 외부와 접점이 있는 현장이다. 그 현장에 종사하는 사람들에게 피드백을 돌려주는 것이 매니지먼트(중간관리자)의 역할이다. 그 피드백은 현장 사람들이 자신의 상태를 올바르게 파악하기 위해 이루어지는 것이지 감시하고 채찍질하기 위한 것이 아니다. 필요한 것은 평가가 아니다. 평가는 사람을 괴롭히고 창발성을 잃게 한다. 피드백과 평가의 차이를 인식하는 것이 중요하다.

그리고 톱 매니지먼트(경영자)는 매니지먼트(중간관리자)에게 피드백을 돌려주는 동시에 조직 전체가 무엇을 목표로 하는가를 결정할 역할을 담당한다. 이익이 목표가 될 수는 없다. 이익은 조직 운영을 유지할 수 있는지 결정하는 조건에 지나지 않는다. 이익이 나는 사업은 지속하는 것이 가능하고 이익이 나지 않는 사업은 지속이 불가능하다.

그러나 그 조직이 무엇을 지향하는가에 관해서는 이익은 아무것도 알려 주지 않는다. 그것을 생각하는 것이 톱 매니지먼트의 일이다. 조직 매니지먼트의 근간은 '마케팅'과 '이노베이션'이다. 마케팅은 뭔가를 강제로 팔기 위한 속임수가 아니다. 그런 것은 '판매'이다. 마케팅은 그 조직이 외부에서 무엇을 요구받고 있는지를 파악해서 거기에 조직의 작동을 적응시키는 것이다. 이 적응을 위해서 자기 자신을 늘 변화시키는 것이 이노베이션의 본질이다. 만약 마케팅과 이노베이션이 빈틈없이 가능하다면 '판매'는 필요 없다.*

이것이 드러커가 말하는 매니지먼트론의 근간인데 이 방책의 모든 것은 괴롭힘을 통제하고 커뮤니케이션을 원활히 해서 사람들이 창발성을 발휘할 수 있도록 하는 것을 목표로 하고 있다. 조직은 쉽게 사람들의 권위주의적인 측면을 작동시키고 괴롭힘을 널리 퍼지게 하는 경향을 가지고 있다. 그렇게 되면 불안이 커지고 사람들은 경직되며 조직 또한 경직화된다. 유연성을 잃어버린 조직에 창발은 없으며 그래서는 마케팅과 이노베이션이 일어나지 않는

---

* 피터 드러커·남상진 옮김, 『피터 드러커·매니지먼트』(청림출판, 2007).

다. 그것을 방지하는 것이 매니지먼트의 본질이고 그렇게 해야 비로소 일이 원활하게 돌아가고 전체주의로 빠지는 것을 방지할 수 있다.


### 창발의 불꽃

창발을 저해하는 것은 무엇인가. 개인의 내면이라는 관점에서 말하자면 '자기기만'일 것이고, 커뮤니케이션의 관점에서 말하면 '괴롭힘'이다. 이러한 것들은 동전의 앞뒤와 같은 관계라고 생각한다.

단, 핑가레트가 자기기만에 대해 지적하는 것처럼 이것은 인간이 살기 위해 필요한, 무의식적 단계에서의 신중한 논리적 판단이라는 기능의 일부라고 하는 점에 주의할 필요가 있다. 그것은 괴롭힘도 마찬가지이며, 그것은 우리가 커뮤니케이션을 위해 필요한 기호, 개념, 언어, 규칙과 같은 기능의 일부이다. 즉 우리는 커뮤니케이션을 펼치며 사는 이상 자기기만도 괴롭힘도 일절 없는 상태로 있을 수 없다. 그러나 그것은 '필요악'은 아니다. 그러한 것들은 우리가 살기 위해서 필요로 하는 기능의 부작용들이다. 이 부작용이 가능한 한 적도록 주의하는 것이 창발에 저해되는 것을 최소화하기 위해 반드시 필요하다.

자기기만과 괴롭힘이 가능한 한 일어나지 않도록 하는 태도를 견지하고 있으면 창발은 자연스럽게 이뤄진다. 그것은 생명의 역동성이 드러나는 그 자체이기도 하다. 창발이 어딘가에서 전개되면 그것은 새로운 창발을 일으키는 힘을 갖는다. 그러한 창발이 연쇄적으로 일어나게 할 수 있다면 그것은 괴롭힘이 이어지는 것에 대응하는 힘이 된다.

『바베트의 만찬』에서는 호화로운 저녁 식사가 주는 쾌락에 몸을 맡기지 못한 노자매와 마을 사람들이 모두 전력을 다해 자신의 감각을 억누르려고 한다. 그러나 바베트의 예술적 요리가 가진 창발의 힘은 노자매의 마음도, 마을 사람들의 마음도, 그리고 때마침 30년 만에 이 마을을 찾은 로렌스 장군의 마음까지도 녹이고 만다.

식탁에는 천상의 공기가 내려오고 밖으로 나온 나이든 마을 사람들은 어린아이처럼 날뛰며 기쁨에 가득 찬 듯하다. 마을 주민 중 한 사람이 오랫동안 서로 으르렁거리던 다른 이웃에게 가슴을 탁탁 치며 거친 우정을 표현하곤 "이 나쁜 친구야. 그 목재 일로 나를 속이고 말이야"라고 큰소리치면 그 말을 들은 상대방이 미소를 머금은 채 눈물을 훔치며 "맞아, 그랬었지. 미안해. 자네 말이 맞아" 하고 사과한다.

놀랄 만한 요리와 맛있는 술에 감동 받은 로렌스 장군은 저녁 식사를 마치고 돌아갈 때에 30년 전에 서로 마음이 끌리면서도 헤어졌던 노자매 중 한 명인 마르틴과 이렇게 인사를 나눈다.

"실은 오늘 밤에야 깨달았소. 이 아름다운 세계에서는 모든 것이 가능하다는 것을!"

"네, 맞는 말이에요. 우리의 이 아름다운 세계에서는 모든 것이 가능하지요."

바베트의 창발의 불꽃은 사람들의 마음에도 창발의 불꽃을 일으키고 '선택한 것만 가능하다'는 속박을 지워 없애고 거기에서 일어나는 불안을 제거한 것이다.

6장

: '공동체-시장'을 넘어서는 길

### '필연-선택'이라는 가짜 대립

여기까지 펼친 논의를 통해 나는 '실낙원'의 신화에 기원을 가진 '선택의 자유'라는 개념이 근대적 사고의 틀을 형성함과 동시에 심각한 사고장애로 귀결됨을 제시하였다. 여기서 주목하고 싶은 것은 실낙원 신화가 '에덴동산-지상'이라는 대립축으로 구성되어 있다는 점이다. '에덴동산'은 필연의 세계이고 거기에서 쫓겨난 인간은 '선택의 자유'를 획득함과 동시에 '불안'에 시달리게 되었다. 따라서 이 대립축은 '필연-선택'과 같은 대립축이기도 하다.

이 신화를 토대로 한 '공동체' 신화에서는 '에덴동산'

이 '공동체'이고 '지상'이 '시장'이다. 공동체의 유대와 속박에서 이탈함으로써 근대인들은 시장적 자유를 얻지만 에덴동산을 벗어난 아담과 이브처럼 불안에 시달리게 된다. 이 재탕 신화는 '공동체-시장'이라는 대립축으로 구성되어 있다.

이렇게 '공동체'와 '시장'은 안과 밖을 따로 떼어 생각할 수 없는 표리 관계인데 그것은 몇 가지 변주를 만들어낸다. '선택의 자유'를 구현하는 '시장'은 마르크스가 주장한 것처럼 전 세계를 '문명화'하는 멈출 줄 모르는 힘을 갖고 있어서 '글로벌화'를 가져온다고 보았다. 그리고 시장을 통한 커뮤니케이션의 활성화는 공동체의 경계를 무너뜨린 '무경계화'로도 귀결된다. 따라서 다음과 같은 대립축이 만들어진다.

공동체–문명화
공동체–글로벌화
공동체–무경계화

'글로벌화' 대신 '국제자본', '다국적기업' 등을 대입해도 된다. 공동체가 '환상의 공동체'로 확장되는 경우에는 국가, 민족, 종교, 전통, 문화, 사회적 안전망 등이 대입된다. 즉 다음과 같다.

국가–시장
민족–시장
종교–시장
전통–시장
문화–시장
사회적 안전망–시장

이쪽저쪽 항목의 순서를 바꿔 나가면 사회과학의 여러 분야에서 논의되는 주제를 망라할 수 있다. 이러한 대립축은 그 연원을 따라가면 실낙원 신화의 요소를 이어받고 있으며 이 신화가 초래하는 속박이 자리 잡고 있다. 이 속박을 끄집어내 검증하지 않고서는 이 대립축에서 비롯된 문제에 대해 유효한 해결책을 제시하는 것이 불가능하다. 자신이 느끼는 불안과 공포의 원인을 이 대립축 위에 투영해서 이해하려고 한 것이 근대적 사유의 주제였다. 그러나 그것은 '나무 위에 올라가 물고기를 구하는 것'과 같은 것이지 스스로의 삶을 사는 것과 연결되지는 않는다.

이 책의 지금까지의 논의는 '시장'의 지배 원리인 어떤 선택의 자유가 갖는 부조리와 거기에서 탈출하는 방도로서의 '창발'의 중요성을 주된 테마로 해 왔다. 이 장에서는 방향을 바꾸어 그 대립 항목인 '공동체'를 대상으로 이야기를 이어 나가고자 한다.

여기서 처음으로 논할 내용은 『논어』에 나오는 '도'道의 개념에 관한 핑가레트의 논의이다. 핑가레트는 『논어』에 '선택'이라는 개념이 빠진 것을 깨닫고 '갈림길 없는 도'라는 개념에 도달했다. 이 개념이 가진 의의는 아무리 강조해도 지나치지 않다. 하지만 핑가레트는 해석의 과정에서 '공동체'라는 또 하나의 거짓 개념에 발목을 잡혀서 논의를 왜곡하고 말았다. 나는 이 왜곡된 논의를 수정해 '도'의 개념을 프롬의 '적극적 자유' 개념과 결부시켜 이해하고자 하는 방향을 제안하겠다. 또한 학력과 재물을 쌓아 자신의 '선택의 자유'를 확대하려는 충동이 속박에 의한 것으로 합리성이 결여되었음을 보여 주겠다.

그리고 이 장의 고찰을 통해 시장이 초래하는 불안에서 벗어나기 위해 선택의 자유를 확대하는 것을 목표로 하거나 역으로 공동체에 귀속되기를 바라는 심리가 이 신화가 주는 주술의 결과에 지나지 않음을 제시하겠다.

실제로 오늘날 전개되고 있는 경제와 사회를 둘러싼 논의의 태반은 이 가짜 대립을 잘 이해하지 못하고 그냥 받아들인 상태에서 어느 한쪽만을 강조하는 것에 그치고 있다고 보인다. 그러나 필요한 것은 자기 불안의 근원인 자기혐오를 극복하고 자기 자신으로 돌아가는 것이다. 그렇게 하면 우리가 나아가야 할 '도'가 우리 앞에 창발한다.


### 공자의 '갈림길 없는 도'

핑가레트는 '선택의 자유'라는 개념 그 자체에 의문을 드러낸 몇 안 되는 연구자 중 한 명이다. 핑가레트는 『논어』 연구를 통해 '선택'에 대해서 '갈림길 없는 도'라는 개념에 도달하였다. 핑가레트가 쓴 『공자』 제2장의 제목은 '갈림길 없는 도'이다. 핑가레트는 이 장에서 공자의 사상에 '선택'이라는 개념이 없다는 중대한 지적을 한다.

핑가레트는 여기서 '도'라는 개념을 논한다. 말할 것도 없이 '도'는 『논어』의 가장 중요한 개념 중 하나이다. 군자 혹은 인자는 이 '도'를 알고 그것을 더듬어 찾는 자이다. 인간의 존재 양상, 인간의 삶의 방식의 이상적인 상태를 언급하는 것이 '도'이다.

이미 말했듯 서구의 정형적인 관점에서는 사람이 걸어야 할 '길' 같은 것을 생각할 때 여지없이 '갈림길'과 같은 이미지를 떠올린다. 저마다의 길은 어디로 통하며 그 여행의 종착점은 어디인가. 그것은 우리 집인가 항구인가 무릉도원인가, 혹은 지옥인가. 인간은 그 기로에 서서 '선택'을 강요받는다. 이것이 자유이다.

그런데 『논어』에는 그러한 비유가 하나도 없다. 『논어』에서 도는 갈라지지 않고 그리고 어디에 당도하는가도 알 수 없다. 군자, 인자는 도를 더듬어 찾아서 어딘가에 도달하기를 목표로 삼지 않는다. 그들이 지향하는 것은 아무런 노력 없이 스스로 도에 따르는 것이다.

"마음 가는 대로 해도 법도에 어긋나지 않았다."(「위정」爲政, 제2장 4)* '도' 그 자체를 목표로 해야 하는 것이지 그 도가 어디로 향하는가는 문제가 아니다. 그리고 그 도는 갈림길 없는 단 하나의 길이다. 길은 어디까지고 갈라지지 않고 계속된다. 해야 할 일은 선택이 아니라 당도해야 할 도를 아는 것이다. 문제는 잘못된 선택을 하는 것이 아니라 옳은 길에서 벗어나는 것이다. 도를 모르면 사람은 길을 잃고 어찌할 바를 모르게 된다.

---

* 이후 『논어』의 인용은 카지 노부유키 번역의 『논어』에 따른다.

## 윤리적 처벌과 실용적 처벌

서구의 윤리적 발상에서 곤란한 사태가 발생하는 것은 선택한 길이 나빴기 때문이다. 그리고 그 결과는 그 길을 선택한 자의 책임이다. 따라서 선택한 자에게 죄가 있고, 양심의 가책이 생겨 죄책감에 시달린다. 죄를 청산하기 위해서는 벌을 받지 않으면 안 된다.

이처럼 과거에 한 일에 대해 처벌이 내려지는 것은 윤리적인 요청이다. 그렇게 해야 청산이 가능하다. 역으로 죄를 지었는데도 벌을 받지 않는 자가 있다면 그것은 윤리적으로 옳지 않다. 그 사람은 죄를 지은 채로 있는 것이다. 그런데 이런 생각의 배후에는 '선택'이 전제되어 있다. 핑가레트는 말한다.

> 공자에게는 결코 없는 관점, 즉 그리스도적-히브리적-크리스트교적 전통의 특징인, 종종 실용주의와 대비되는 관점에서 처벌이 정당화되는 것은 그것이 과거에 일어났던 일에 비추어 걸맞기 때문이지 단순히 처벌이 주는 효과 때문은 아니다.
>
> 처벌은 윤리적 책임이 있는 주체가 이전에 저지른 죄과에 대한 적절한 윤리적 응답이다. 그리고 회개는 그 심리적

인 효과가 있냐 없냐에 따른 수단이 아니다. 그것은 과거의 행위에 대한 뉘우침이다. 회개는 자신이 윤리적으로 책임져야 할 과거의 악행에 대한 윤리적인 대응이다.

죄책감은 이미 저지른 악행에 따라서 누적되는 부정적인 윤리적(혹은 영혼의) 자산이다. 만약 벌이 순수하게 윤리적인 경험으로 주어지고 또 받아들여진다면 그것은 일종의 윤리적 채무를 갚는 것이고 석판石板을 지우는 것*이다.

—허버트 핑가레트,『공자』


한편『논어』뿐만 아니라 공자와 동시대의 중국 사상가들 사이에서는 '윤리적인 죄와 벌'이라는 생각은 빠져 있었다. 예를 들어 법가는 형벌을 중시하지만 그것은 악행을 저지르는 자가 있으면 사회의 안녕이 위협받으므로 그것을 막기 위해서 벌을 주고 반성을 재촉하고 동시에 주위의 본보기로 삼는 것이다. 즉 벌을 내리는 것은 미래의 악행을 억제한다는 '실용적'인 목적을 위해서이지 과거의 죄에 벌을 주는 것이 윤리적으로 옳아서가 아니라는 것이다. 이것이 핑가레트가 말하는 '실용주의'의 의미이다. 이 차이는 중요하니 다시 한번 정리해 두기로 하자. 서구의 윤

---

* 인간의 죄는 모두 석판에 기록되어 있는데, 벌을 받으면 그 기록이 석판에서 지워진다는 의미이다. (옮긴이 주)

리적 발상에서는 '기로→선택→책임→죄→벌→청산'과 같이 연속으로 이어진다고 되어 있다. 여기서 벌은 과거의 죄를 청산하는 기능을 담당한다. 근대 일본의 법률 체계도 이러한 사고방식 위에 구축되어 있지만 우리의 일상 감각은 이렇지 않아서 양쪽 모두 어긋나 있다. 충분히 반성하고 있으면 '온정'으로 '눈감아 주는 것'이 일본에서는 나쁜 일이 아니지만, 위의 발상에 따르면 그래서는 속죄(죄의 청산)가 끝나지 않은 셈이 된다. 정말로 반성하고 있는데 엄벌이 내려지면 "그런 잔인한······"과 같은 말을 듣게 된다.

이에 비해서 '실용주의'에 의한 형벌은 죄를 범한 자에 대한 피드백과 사회 전체에 대한 피드백을 목표로 한다. 사형은 개인에 대한 피드백은 되지 않지만 그 본보기 효과로 사회에는 강한 피드백이 주어진다.

똑같은 죄를 저질러도 운이 좋으면(뇌물이나 연줄이 닿으면) '눈감아 주기'가 통하고 그렇지 않으면 엄벌에 처해진다. 그러면 불공평하긴 하지만 거기서 생기는 불만이 사회의 안녕에 영향을 주지 않는 한 통치하는 측에서 보면 전혀 문제가 되지 않는다는 생각이다. 이런 상황에는 벌이 윤리적인 것에 근거를 두지 않는다.

공자가 법제와 형벌에 의한 지배를 부정하는 것도 이러한 실용주의를 염두에 둔 것이다.

공자가 말하길, "인도하되 정사로써 하고 가지런히 하되 형벌로써 하면 백성이 면하기는 하되 부끄러움이 없느니라."

—공자, 『논어』 제2편 「위정」 3장

법제와 형벌로 통치하려고 들면 민중은 그것에 걸리지만 않으면 무엇을 해도 좋다고 생각하여 부끄러움이 없어진다. 덕과 예로 통치해야 비로소 민중은 스스로 부끄러움이 없도록 행동하며 품격을 갖는다. 이것이 공자가 '벌'을 대하는 태도이다. 핑가레트의 말처럼 "공자는 벌의 근거를 마련하는 것으로 윤리적 죄나 윤리적 책임과 같은 개념을 갖고 있지 않아 제재制裁를 가하는 것에 어떤 인간적 도리상의 가능성도 보지 않는다."

공자의 발상에 윤리적인 죄를 청산하기 위한 '벌'이라는 생각이 없는 것은 애당초 '도'가 갈리지 않기 때문이다. 길이 갈리지 않으면 선택이란 없고 따라서 윤리적 책임도 윤리적 죄도 없다. 이리하여 윤리적 죄를 청산하는 처벌 같은 것은 있을 수 없고 처벌은 실용주의적인 의미밖에 없다. 공자가 중시하는 것은 죄가 아니라 부끄러움이다.

### 윤리적 수치와 실용적 수치

핑가레트는 '죄'와 '수치'의 차이를 다음과 같이 말한다.

> 공자의 수치 개념은 순수히 윤리적인 개념이지만 인간 존재의 내적 핵심인 '자아'보다는 전통적, 의례적으로 정의된 사회적 행동인 '예'를 중심으로 한 윤리를 지향하고 있다. …… 궁극적으로 죄는 자기 자신에 대한 공격인 반면 수치는 특정한 행위나 외적인 상태에 대한 개념이다. 수치는 '체면'의 문제이며 민망함이며 사회적 자격의 문제이다. 수치는 말한다. "그대의 방식을 바꿔라. 그대는 명예·존엄을 잃었다." 죄는 말한다. "그대 자신을 바꾸라. 그대는 더러워졌다."
> —허버트 핑가레트, 『공자』

이 구절에 나오는 핑가레트의 '수치'에 관한 논의에는

혼란이 있다. 『논어』의 수치는 '체면'의 문제가 아니다. 애당초 '체면'이라는 말은 『논어』에 나오지 않는다. 수치는 '민망함'과 '사회적인 자격'의 문제가 아니다.

> 제자인 헌이 수치에 대해 묻자, 공자가 말하길 "나라에 도가 있으면 녹을 받되, 나라에 도가 없는데 녹을 받아먹는 것이 수치이다."
> —공자, 『논어』 제14편 「헌문」 1장

이때 '수치'는 누구에 대한 부끄러움일까. 그것은 자신을 부끄러워하고 있는 것은 아닐까. 도가 이루어지지 않아서 마음이 내키지 않는데도 출세를 위해서, 세상에 대한 체면을 위해서, 녹봉을 받고 싶어서 군주를 따르는 것은 자신에 대한 배반이고 자기기만이다. 그래서 '수치'라고 보는 것이다. 여기에 체면은 어떤 관계도 없다.

뭔가 잘못된 행동을 했다는 것은 도를 벗어났다는 것이다. 그때 하지 않으면 안 되는 일은 스스로의 부덕을 부끄러워하고 행동을 바로잡는 것이다. 이것은 자신이 부족한 사람이라는 의미이며 그렇다고 추악하다는 의미는 아니다. 누군가에게 용서를 청할 필요 같은 건 없다. 자신을 바로잡을 수 있는지 아닌지 하는 문제다. 옳은 길로 돌아갈 수 있는가 아닌가 하는 문제.

어려운 점은 '도'에서 벗어나는 일이 무의식적으로 일어난다는 점이다. 따라서 그렇게 어긋나는 것은 다른 사람의 가르침을 받지 않으면 안 된다. 그 말에 역정 내지 않고 제대로 받아들이냐 아니냐가 인품을 결정한다. 남의 말을 두려워하지 않고 받아들여 부끄러움을 느끼고 바로잡을 수 있다면 그 사람은 군자로 불릴 만하다.

이러한 의미에서의 '수치' 개념을 '체면을 위한 부끄러움'과 구별하기 위해 전자를 '윤리적 부끄러움', 후자를 '실용주의적 수치'라고 부르기로 하자. 윤리적 수치는 자신을 스스로 부끄러워하는 것이지만 실용주의적 수치는 다른 사람 눈에 자신이 어떻게 비춰지는지와 같은 사회적 자아에 관한 문제이다.


### 두 가지 수치와 두 가지 처벌

그러면 이 두 가지 '수치'는 앞에서 본 '윤리적 처벌'과 '실용주의적 처벌'이라는 두 가지 '처벌'과는 어떻게 관계되는 것일까? '윤리적 수치'와 '실용주의적 처벌'은 대립 관계에 있지만 쌍방 모두 피드백을 전제로 한다는 점에서 공통점이 있다. 수치는 자기 스스로 자기 자신에 피드백을 하는 것인 데 반해 처벌은 외부에 있는 지배자에게서 피드백이 돌아온다.

'실용주의적 수치'와 '윤리적 처벌'도 친근성이 있다. 이것은 양쪽 모두 자신이 망쳐 버린 체면과 저지르고 만 죄를 어떻게 씻을 것인지가 포인트이다. 핑가레트가 비교한 것은 이 두 가지이다. 양자의 차이는 더럽혀진 장소가 다른 것뿐이다. 전자는 '얼굴'이 더럽혀진 것이고 후자는 '영혼'이 더럽혀진 것이다.

이렇게 생각하면 윤리적인 죄와 벌은 다루기 힘든 개념이다. 자신의 영혼 그 자체가 더럽혀져 있다는 느낌은 사람을 불안에 빠트린다. 그 불안을 벗어나야 해서 누군가에게 용서를 청하게 된다. 그 불안이야말로 '괴롭힘'(학대)이라는 악마의 먹이다. 이것에 의해 사람은 자신을 무가치한 존재로 생각하며 자기애를 상실한다. 그 대신에 규범에 따라 행동하는 거짓 자아를 띠게 된다. 이렇게 해서 권위주의적 인격이 만들어지고 강한 자에 대해서는 마조히즘적으로 복종하고 약한 자에 대해서는 사디즘적으로 지배하게 된다.

이렇게 비교하면 실용주의적 수치와 실용주의적 처벌이 아직은 마음이 편하다. 그렇기에 나는 윤리적인 수치를 느끼는 것은 매우 훌륭한 일이라고 생각한다.


### 서구적인 개인의 자리매김

그렇다면 왜 서구의 고정된 사고에서는 길이 갈라지는데 공자의 도는 갈라지지 않는 것일까. 핑가레트는 그것을 세계의 단일한 질서에 대한 공자의 강한 신념에서 유래한다고 생각한다.

> 갈림길이라는 이미지는 분명 아주 자연스러워서 도의 심상을 다소나마 공들여 만들어 냈다면 곧바로 나오는 요소이다. 따라서 '길'을 여행하는 자에게 닥치는 시련으로서의 갈림길이라는 비유를 무시하는 것은, 본질적으로 모호함이 없으며 단일하고 명확한 질서로서의 우주라는 사상에 대한 매우 깊은 경도를 통해서만 가능하다.
> ─허버트 핑가레트, 『공자』

핑가레트는 우주의 단일한 질서인 '도'에서 벗어나지

않음으로써 존엄이 얻어진다고 해석하고 그것은 사람이 '예'를 따름으로써 실현된다고 생각했다. 이렇게 의례로 연결된 집단이 '공동체'이다. '수치'란 그 공동체가 추구하는 '도'에서 벗어나면서 생기는 감각이라고 한다.

나는 핑가레트의 이 해석 또한 잘못이라고 느낀다. 거기에는 또 다른 서구적인 고정관념이 작용하고 있다. 그것은 '공동체'라는 개념이다. 핑가레트는 자신의 저작 후반에서 공자를 전통적인 공동체가 급속하게 붕괴한 혼란의 시대에 존재한 사상가로 보았다. 공자의 사상과 실천은 이 혼란을 극복하고 새로운 질서를 어떻게 세울 것인가와 같은 문제에 대답하기 위한 것이었다.

공자는 인간성의 본질을 의례성儀禮性에서 찾아서 의례라는 문화의 통일로 새로운 질서를 실현하는 처방전을 준비하였다. 실제로 한漢 제국은 그러한 형태로 안정을 이룩했다고 핑가레트는 지적한다. 이 지적 자체는 사실 여부와는 별도로 매우 흥미 깊고 설득력이 있다. 그런데 핑가레트는 이러한 인식 위에서 다음과 같이 말한다.

채찍에 복종하는 것은 가축과 같다. 그러나 바르게 통치하는 자에게 충성을 다해 봉사하고 그렇게 함으로써 공동체에 이바지하는 것을 자기 스스로 본심에서 행하는 것, 이것은 자신이 속한 공동체의 진정한 시민에 다름 아니다.

여기서 핑가레트는 부주의하게도 공동체community와 시민citizen이라는 아주 서구적 색채가 농후한 개념에 의거해 공자의 사상을 해석하고 있다. 핑가레트의 『논어』연구의 요점은 공자의 사상에 파고듦으로써 서구적 선입관을 상대화하는 것이다. 실제로 그는 '선택'이라는 개념에 관한 훌륭한 전개를 달성하였다. 그런데 핑가레트 자신이 '공동체'와 '시민'이라고 하는 서구적 선입관을 안이하게 사용한 것은 주목해 볼 가치가 있다.

서구의 문헌에서 개인은 늘 공동체와 대립하는 형태로 인식된다. '자유'라고 하면 가장 중요한 의미를 갖는 것이 공동체적 제약으로부터의 자유이다. 그가 말하는 유대는 공동체적 유대다. 인간은 어느 하나의 공동체에 속하든지 아니면 순수한 한 개인으로 어디에도 속하지 않고 고독하게 살든지, 둘 중 하나밖에 없으니 공동체에 속해 있으면 안심할 수 있지만 그곳을 벗어나면 불안에 시달린다. 시장은 공동체가 끝나는 곳에 성립하며 시장의 융성은 공동체를 파괴하고 개인을 자유롭게 함과 동시에 불안하게 만든다고 운운한다.

　　이 문제는 '정체성'이라는 개념으로도 파급된다. 정체성은 '자신이 누구인지'를 보여 주는 자기동일성이라고 한다. 따라서 정체성을 확립하는 것은 개인의 문제인 것처럼 보인다. 그런데 예를 들어 『옥스포드 신영영사전』의 예문을 보면 "스코틀랜드 사람의 보수당원으로서의 아이덴티티"Scottish Tory identity라는 것이 있다. 이것은 결국 '어느 공동체에 속하는가'가 '개인의 자기동일성'을 담보하는 셈이다. 다시 말해 정체성은 어느 공동체에 속해 있는가 하는 의미가 된다. 따라서 공동체에서 이탈한 근대적 개인은 정체성 상실에 허덕이게 된다.


### '공동체'라는 고정관념

이러한 종류의 고정관념에 근거한 '공동체'에 관한 말들은 귀에 딱지가 앉을 정도로 많이 들어 왔다. 그 침투력은 무서울 정도로 강력하다. 이러한 종류의 고정관념은 현대 일본의 말에도 강한 굴레를 씌웠다. 예를 들면 "글로벌화에 대항해야 할 국민적 전통을 지키고 아름다운 나라를 만들어야 한다"는 종류의 말은 발화자의 사고가 서구적 고정관념에 보기 좋게 묶여 있음을 드러낸다.

핑가레트처럼 철저한 고찰에 의해 '선택'의 고정관념을 벗어날 수 있었던 사람조차 '공동체'에 발목을 잡히고 있다. 같은 예는 얼마든지 더 들 수 있다. 여기서 그 일례를 열거해서 독자의 귀에 딱지를 두껍게 앉히는 것은 안 하는 편이 낫다고 생각하지만 이 책이 주로 근거하는 프롬의 예만큼은 열거하지 않을 수 없다.

프롬의 첫 작품이자 가장 성공한 저작이기도 한 『자유로부터의 도피』에 그것이 뚜렷이 드러난다. 프롬은 "인간의 사회사社会史는 자연과 하나로 융합되어 있던 상태에서 벗어나 주위의 자연과 인간들로부터 분리된 존재로서 자신을 자각할 때에 시작된다"고 했다. 이것은 확실히 성서의 실낙원 이미지다.

프롬은 이 이미지를 근대 이전의 '공동체'에 안이하게 가져와 개인이 공동체에 전면적으로 연결된 상태에서 느끼는 귀속 의식을 '제1차적 유대'라고 부른다. 그것은 "아이를 그 어머니에게, 원시공동체의 구성원을 그 부족과 자연에, 그리고 중세인을 교회와 사회적 신분으로 연결시키는 유대"이다.* 이 1차적 유대는 '자연'의 대체물이다.

---

* 에리히 프롬, 『자유로부터의 도피』.

거기서 이탈함으로써 인간은 자유로워지고 근대인이 된다. 이 자유는 '~로부터의 자유'라고 하는 소극적인 자유이다. 그런데 인간은 이 자유가 낳는 고독감을 견디지 못한다.

그래서 거짓으로 2차적 유대를 요구하는 충동을 느끼고, 때로는 소극적인 자유를 포기하면서까지 그러한 허위의 유대를 만들어 내려고까지 한다. 이러한 심성이야말로 파시즘의 온상이다. 이 충동에서 벗어나지 않는 한 자유를 지킬 수 없다. 그러기 위해서는 인간이 '~을 향한 자유'라는 적극적 자유를 획득하지 않으면 안 된다. 이것은 '행위가 본능적으로 결정되는 것으로부터의 자유'이고 '선택의 자유'를 완전히 행사할 수 있는 자신을 확립하는 것이다. 이를 통해 '모든 인간과의 적극적인 연대와 애정, 일이라는 자발적인 행위'를 실현함으로써 자유로운 독립된 개인으로서 세계와 유대를 회복할 수 있다. 이상이 프롬의 『자유로부터의 도피』의 일반적인 해석이다.*

---

★ '적극적 자유'에 관해서는 정치학자 이사야 벌린이 한 유명한 비판이 있으니 언급해 둘 필요가 있다. 벌린은 소극적 자유와 비교해서 적극적 자유가 악용당하는 경우가 많다고 보고 적극적 자유를 높이 평가해 추켜세우는 것의 위험성을 지적했다. 소극적 자유의 의미는 프롬의 그것과 거의 일치하지만 적극적 자유의 의미에는 큰 차이가 있다. 벌린은 적극적 자유를 "자기 자신이 주체가 되어 특정 가치를 추구하고 실현하기 위해 존재하는 자유"라고 정의하고 "나는 타인이 아니라 자기 자신의 의사 행위의 도구이길 바란다"고 말한다(이사야 벌린, 『자유론』). 이 생각은 프롬과는 완전히 다르다. 왜냐하면 자신이 "자기 자신의 주인"이거나 혹은 "자기 자신의 의사 행위의 도구"라는 표현은 벌린이 말하는 '자신'이 결국 '사회적 자아'에 지나지 않

프롬이 인간의 본질에 관한 투철하고 심오한 사고와 견주어 이 고정관념에 복종한 것은 놀랍다. 애당초 3장에서 설명한 프롬의 논의는 그것만으로도 충분히 완결되어 있다.

자기 자신의 정동情動을 배반하는 세계관을 외부에서 강요당해 자아를 상실하게 되면 인간은 자신의 정동을 믿을 수 없게 된다. 자신의 정동을 믿을 수 없게 되면 제대로 된 판단을 내리지 못하고 불안해진다. 그 불안을 얼버무리고 덮으려는 행위는 과잉 노동이나 과소비의 형태를 취하기도 하고 거짓 연대를 추구하는 '자유로부터의 도피'로 향하는 경우도 있다.

이것으로 이야기는 충분하다. 그 위에 일부러 공동체 이탈에 따른 불안이라는 고정관념을 덧붙이면 부질없는 일을 거듭할 뿐이다. 프롬만 한 사색가가 이 함정에 속절없이 빠지는 것을 보면 이 '공동체'라는 고정관념의 힘이 어느 정도인지 알 수 있다.

좀 더 최근의 예를 한 가지만 들어 보자. 제라드 데랑티라는 영국의 사회학자가 2003년에 출간한 『커뮤니티: 글로벌화와 사회이론의 변용』이라는 책을 살펴보면 된다.

---

는다는 말이기 때문이다. 프롬이 의미하는 적극적 자유에서는 자신은 자신 말고는 될 수 없기 때문에 자신의 주인이 되거나 자신의 도구가 되는 일은 없다. 확실히 빌린처럼 자아를 상실한 인물이 이러한 적극적 자유를 행사하려고 하면 그것이 타인을 도구화하고 지배하는 악랄한 정치적 행위로 귀결되는 위험성을 띠게 될 것은 분명하다.

이 책에서는 '커뮤니티'라는 개념의 사회이론을 아주 광범위하게 연구했다. 하지만 그 내용 중 '커뮤니티 귀속에 따른 안심'이라는 이야기에서 자유로운 것은 없다. 데랑티 자신 또한 눈이 아찔해질 정도로 다종다양한 커뮤니티 이론을 일관성을 가지고 비교 검토하는 긴 여행 끝에 '마무리' 부분에서 다음과 같이 말한다.

> 근대 세계는 자유, 개인주의, 이성의 시대이지만 그것뿐만이 아니다. 그 시대는 개인이 의지할 곳 없는 불안정화된 세계 속에 놓이는 것이며, 유유자적한 기분이 드는 마음 편한 세계, 즉 커뮤니티나 귀속, 연대감과 같은 것을 강력히 요구하는 시대이기도 하다.
> —제라드 데랑티, 『커뮤니티』

이 고정관념을 유지한 채로는 아무리 '공동체'에 관해 생각해도 대답이 나오지 않는다. 따라서 다음과 같은 결론에 도달할 수밖에 없다.

> 커뮤니티는 귀속의 감각을 제공함으로써 기댈 곳 없거나 불안정한 경험에 대한 중화제 역할을 하지만, 다른 한편

으로는 결국 세계화의 힘에 저항할 수 없다. …… 그것이 제시하는 대안책은 공동의 낙원을 토대로 한 단순하고 기분 좋은 환상에 지나지 않는 경우가 많다.

불안의 원천을 공동체의 붕괴에서 찾는 것은 잘못이다. 따라서 공동체를 재생해서 불안에서 벗어나려고 하면 환상으로 끝날 수밖에 없다.


### 자발성이 만들어 내는 '도'

자, 그러면 이상과 같이 '공동체'의 고정관념에 따른 핑가레트의 '도'의 유일성에 관한 논의가 성립되지 않는다면 어떻게 갈림길 없는 도가 가능할까. 핑가레트의 오류는 인간이 고립되어 있지도, 그렇다고 종속되어 있지도 않다면 그것은 개인의 도가 공동체의 도와 일치하는 경우로 한정된다고 생각하여 공자가 이상으로 삼는 '도'를 개인과 공동체, 양자의 일치에서 찾은 점이다.

이에 비해서 프롬은 개인이 계속 자율적이면서 고립되지 않은 상태를 '적극적 자유'라고 부르고 그 본질을 개인의 자발성의 발로에 의한 자기실현에서 찾았다.

우리는 자유가 성장하는 과정은 악순환을 이루지 않고, 인간은 자유로우면서도 고독하지 않을 수 있고, 비판적이면서도 회의로 가득 차지 않을 수 있고, 독립적이지만 인류의 일부를 구성하는, 없어서는 안 될 일부일 수 있다고 믿는다. 그러한 긍정적인 답이 있다고 믿는다. 인간은 자아를 실현하고 자기 자신이 됨으로써 이 적극적 자유를 달성할 수 있다.

그러면 자아의 실현이란 무엇인가? …… 우리는 자아실현은 사고 작용만이 아니라 그 사람의 감정적 잠재력과 지적 잠재력을 적극적으로 표현함으로써 이루어진다고 믿는다. 이 잠재력은 누구나 겸비하고 있어서 그것이 겉으로 표현되는 만큼만 현실이 된다. 다시 말하자면, 적극적 자유는 통합된 인격의 자발적인 활동에 존재하는 것이다.

—에리히 프롬, 『자유로부터의 도피』


즉 자기애에 의한 이기심을 극복하고 자기 자신으로 돌아감으로써 계속 자율적이면서 고립하지 않는 적극적 자유를 달성할 수 있다는 것이다. 프롬은 이 말을 다음과 같이 다른 말로 표현하고 있다.

　　자발적 활동이야말로 인간이 자기 본래의 모습을 희생하
　　지 않고 고독의 공포를 극복할 수 있는 유일한 길이다. 왜
　　냐하면 자아의 자발적 실현 안에서 인간은 새삼 자신을
　　세계(즉 인간과 자연과 자기 자신)와 통합하기 때문이다.

　　이 인용 문구의 원문은 다음과 같다.

　　Spontaneous activity is the one way in which man can
　　overcome the terror of aloneness without sacrificing
　　the integrity of his self.

　　이 말을 다르게 번역하면 "자발적 활동이야말로 유일
한 '도'이며 거기서 인간은 자아의 통합을 희생하지 않고
고독의 공포를 극복할 수 있다"는 말이다. 갈림길 없는 '도'
란 자발적 활동, 즉 자기 자신으로 돌아가는 것이다.

　　이 사상은 『논어』의 충서忠恕 개념과 공명하고 있다.
'충'忠이라는 글자를 분해하면 '가운데'中와 '마음'心으로 나
눠지는 데 그것은 자신이 자기 마음속에 있다는 의미이다.

거기서 비롯되어 '진심'이라는 말로 번역되는 경우가 많다. '서'恕 자는 '같다'如와 '마음'心으로 이뤄져 있다. 이것은 '마음과 같이' 혹은 '마음과 같다'는 뜻으로 읽힌다.

시라카와 시즈카의 책 『자통』字統에 의하면 '여'如라는 글자는 '제기祭器를 들고 춤추는 여성의 모습'을 나타내고 있어 이로 미루어 짐작할 때 '서'恕는 신의 뜻을 헤아린다는 의미가 된다고 한다. 신의 뜻을 어디에서 알 수 있는가 하면 나는 '자기 안의 내적 목소리에 귀를 기울임으로써 들린다'는 관점을 취한다. 이와 같이 생각하면 '충서'란 자기 자신으로 돌아가는 것이라고 할 수 있다. 그러한 상태가 되었을 때 우리에게는 자신이 걸어가야 할 길이 저절로 보이는 것이다.

『논어』에서는 이 도가 보이는 상태를 '지'知라고 말하고 그것이 보이지 않고 도에서 벗어나는 것을 '혹'惑이라고 한다. '혹'이란 어떻게 하면 좋을지 모르는 것이 아니라 옳게 행동하고 있다고 생각하는데 실제로는 무의식의 잘못된 작동에 의해 도에서 벗어나고 마는 것이다. 따라서 자신이 느끼고 있는 것을 자각하는 일은 어렵다. 종종 사람은 자신의 잘못을 타인에게서 지적받을 필요가 있다.

그렇게 지적을 받았을 때 그 말을 제대로 받아들여 자

신의 '잘못'을 인식하고 자신의 행위를 부끄러워하며 자신의 처신을 고치는 것이 중요하다. 그 허물을 고칠 수 없는 것을 '잘못'이라고 한다. 잘못된 것을 고칠 수 있다면, '도'로 되돌아 설 수 있다.

도란 외부에서 정할 수 있는 것이 아니다. 사람이 '충서'의 상태에 있는 것으로, 그 행동 안에서 자기 자신 앞에 짜여 있는 안정감을 가리킨다. 이처럼 학습 과정이 바르게 작동하고 도를 벗어나지 않는 상태를 '인仁'이라고 한다.


### 질서는 어디서부터 만들어지는가?

『논어』는 사회 질서 형성의 원천을 사람들의 인과 덕에서 찾는다. 그것은 어떠한 규범에 따른다는 것이 아니라 각자가 자기 자신이 스스로 주위의 커뮤니케이션의 질을 확보하고 그 양질의 네트워크가 사회를 안정시켜 천하를 다스리게 한다는 발상이다.

'인'은 누구와 잘 지내는 것이 아니다. 공자는 "오직 인자仁者만이 남을 좋아할 수도 있고 남을 미워할 수도 있다"(「이인」편, 제4장 3)라고 했다. 자신의 감각을 믿고 훌륭한 사람을 훌륭하다고 생각하고 악랄한 사람을 악랄하다고 생각하는 것, 이는 언제나 자기 자신으로 돌아갈 수 있는 인자만이 가능한 일이다. 그리고 누구에게나 사랑받는 사람이 꼭 바람직한 것은 아니다.

> 자공이 "한 고을 사람들이 다 좋아하면, 어떻습니까?" 하고 물으니, 공자께서 "옳지 못하니라" 하셨다. 자공이 "한 고을 사람들이 다 미워하면, 어떻습니까?" 하고 물으니, 공자께서 "옳지 못하니라. 한 고을의 선한 자가 좋아하고, 악한 자가 미워함만 못하다" 하셨다.
> —공자, 『논어』 제13편 「자로」 24장

선악을 스스로 판단하고 확실한 태도를 보일 수 있는 인자 혹은 군자가 세상에 많이 있는 것이 질서의 원천이다. 그러면 그 '선'과 '악'은 어떻게 판단하는가. 그 기준은 무엇인가. 그것을 『논어』에서 찾아봐도 아무것도 쓰여 있지 않다. 왜냐하면 그것은 각자가 자기 자신으로 돌아가서 결정하는 것이기 때문이다. 각자가 스스로 걸어가야 할 길을 알 수 있고 망설임 없이 그 길을 용기를 갖고 걸어갈 수 있는지 없는지가 전부다.

공동체의 유대는 위험한 측면이 있다. 거기서는 누구

와도 잘 지내야 하고, 그러려면 서로 똑같이 행동하고 똑같이 느낄 필요가 있다.

> 공자가 말하기를, 군자는 사귐에 있어 조화롭게和 어울리지만 반드시 같기를同 요구하지 않고, 소인은 반드시 같으려 하나 조화롭게 어울리지 못한다.
> —공자, 『논어』 제13편 「자로」 23장

'동'同은 확실히, 누구와도 잘 지내는 것이다. 이에 비해서 '화'和는 서로의 다양성이 부딪히면서 그 안에서 조화를 만들어 내는 것이다. '화'는 사전에 보장되어 있는 것이 아니라 사후에 맞추어 달성되는 상태이다. '동'은 그것을 인간의 힘에 의하지 않고 '규칙'과 '사전 약속'과 '사전 합의' 그리고 '분위기'에 의해서 사전에 보장하려고 하는 잘못된 방법이다. 그것은 각자에게 자기기만을 강요함으로써 표면적인 안정을 만들어 내지만, 역으로 본질적인 불안정성을 낳게 된다.

이처럼 자기 자신으로 돌아와 자발성을 바탕으로 행동하고 그것을 통해 자기 주위의 커뮤니케이션을 통제하는 자가 군자요, 인자다. 이것이야말로 자율성을 지키면서 고립되지 않는 삶의 방식이자 프롬이 말하는 '적극적 자유'이다.

프롬은 인간 존재의 본질을 '필연적으로 존재를 유지하려는 힘'에서 찾는다. 그리고 이 힘의 필연적 논리에 따라 존재하는 것을 '자유'라고 부른다. 이 힘은 생명이 본래 가지는 역동성이라고 생각해도 좋다. 자유는 자신의 이러한 역동성에 따라 사는 것이다.

한편 '선택적 자유'란 필연에 의하지 않고 합리적 판단에 따라 어느 하나를 선택하는 의사 결정에 자유의 근거를 찾는다. 그런데 정신분석에 의한 무의식적 동기의 발견으로 이러한 주관적 자유의지론은 부정되었다. 인간이 자기 스스로 살아가는 힘으로 행동한다면 "이건가, 저건가" 하는 선택을 해야 하는 상황은 생기지 않는다. 그런 선택이 생기는 것은 인격 안에서 '갈등'이 일어나기 때문이다. 이러한 갈등은 자신이 살아가는 힘과 모순되는 무언가가 내재되어 있음을 시사하며, 이때 인간은 자유롭다고 할 수 없다.*

* 데구치 다케시, 『에리히 프롬』.
에리히 프롬, 고영복 옮김, 『악惡에 대하여 / 인생과 사랑 / 희망의 혁명 / 불복종과 자유』(동서문화사, 2020)

## 적극적 자유를 찾아서

공동체가 자연적인 제1차적 유대를 사람들에게 계속 주면서 속박하는 것이고 거기에서의 이탈이 개인에게 '선택의 자유'를 줌과 동시에 불안을 불러일으킨다는 정형화된 근대의 인식은 우리가 사고를 하는 데 큰 장애가 되었다. 실제로 그러한 공동체가 근대 직전에 존재했다고 구분지을 수는 없다. 예를 들어 중국 문명에서는 그것이 까마득한 옛날에 사라져 버렸다.

춘추시대는 수천 개나 있었던 '나라'가 소멸하고 '전국 칠웅'이라 불리는 소수의 제국으로 통합되어 가던 시대였다. 이것은 '공동체'가 붕괴해 가는 시대였음을 의미한다. 그 시대에 출현한 사상가인 공자는 에리히 프롬이 현대에서 찾아낸 것과 마찬가지로 '적극적 자유'야말로 질서를 만들어 낼 수 있다고 주장하였다.

현대의 인류가 직면한 최대의 문제는 끝이 없는 소비 확대에 따른 환경 파괴와 허구에 불과한 공동체를 둘러싼 민족 문제라고 해도 틀리지 않을 것이다. 전자는 '선택의 자유'와 후자는 '공동체의 환상'과 밀접하게 관련되어 있다.

이 두 환상은 개인의 자기기만을 다지고 낭비와 폭력

의 끝없는 확대를 동반하는 근대 문명의 급격한 팽창을 가져왔다. 그러나 확실히 더 이상 이 환상에 젖어 있을 여유가 없다. 인류가 이 속박에 묶여 있는 한 지구 생태계는 붕괴되고 파괴적인 조정 과정을 일으키고 만다.

다음 장에서는 이 환상이 가져온 결과를 다시 한 번 직시하도록 하겠다.

7장
: 자기기만의 경제적 귀결

## 자기기만이 가져오는 것

'선택의 자유'라는 환상도 '공동체'라는 환상도 자기 자신
을 잃게 하고 적극적인 자유를 파괴한다는 점에서는 같은
효과를 갖는다. 물론 인간의 자기기만이 이 두 가지에서만
일어나는 것은 아니지만 그것을 정당화하고 촉진하고 얼
버무리는 데 강한 힘을 발휘한다. 자기를 잃어버린 인간은
자동인형처럼 되어 협동 현상을 일으키면서 '죽음에 홀린
것'처럼 '현실적인 선택'을 반복하며 파멸로 향한다. '선택
의 자유'와 '공동체'가 환상에 지나지 않는다는 것을 충분
히 알면서도 그 환상을 공유해 질서와 가치를 지켜야 한다

는 주장도 나올 수 있을지 모른다. 그러나 나는 이러한 전략은 결국 자기기만을 확대하고 멸망을 향한 협동 현상을 일으키고 만다고 생각한다.

이 장은 자기기만이 가져오는 경제적 귀결을 지금까지의 논의를 바탕으로 이해하는 것을 목표로 한다. 이후의 서술은 새로운 것이 아니고 지금까지 많은 사람이 반복해서 지적한 것의 재탕일지도 모른다. 그러나 이 책의 논의 위에 입각하면 그것이 부조리한 것도 아니고 인간에게 운명 지워진 것도 아닌 자기기만이 초래한, 논리적으로 일관된 사태임이 밝혀질 것이다.


## 재산·명성·권력

프롬은 말한다. 자아를 잃어버린 인간은 집요한 불안에 늘 시달리게 된다고. 그러니 일단 살아가기 위해서는 이 불안을 어떻게든 달래서 자아를 뒷받침할 필요가 있었다.

이 잠재하는 불안을 겉으로 드러내지 않도록 도와주는 두 가지 요소가 있었다. 우선 재산을 소유하는 것으로 자아를 지탱할 수 있었다. '그'라는 인격과 '그'가 소유한 재산은 분리될 수 없었다. 사람의 옷이나 집은 그의 몸과 마찬가지로 그 사람의 자아를 이루는 일부다. '나는 아무것도 아니야' 하고 느끼면 느낄수록 재산을 보다 많이 가질 필요가 있었다. 자아를 뒷받침하는 또 다른 요소는 명성과 권력이었다. 그러한 것들은 부분적으로는 재산을 소유한 결과였고 다른 부분으로는 경쟁 분야에서 거둔 성공의 결과였다. 재산이 뒷받침해 주는 것에 덧붙여 남들에게 존경받으며 권력을 휘두르게 되면, 그것들이 불안정한 개인의 자아를 뒤에서 든든히 지탱해 주었다.

—에리히 프롬, 『자유로부터의 도피』

즉 재산과 명성과 권력은 자아를 상실한 인간이 이용하는, 자아의 대체물이 되기 때문에 큰 의미를 갖는다. 물론 재산도 명성도 권력도 그것 자체가 악은 아니다. 자기 자신임을 포기하지 않는 사람은 그런 것을 가지고 싸우지는 않지만 그런 사람이 우연히 재산이나 명성, 권력을 가지고 있다면 의미 있는 일을 할 수 있다. 자신이 무엇을 하고 싶은지, 무엇을 하고 싶지 않은지 확실히 알고 있으면 이러한 것들은 자아를 실현하는 데 둘도 없는 역할을 한다. 그러나 자아를 잃어버린 사람이 거기에서 오는 불안에서 눈을 돌리기 위해 재산, 명성, 권력을 추구하면 그것은 자기기만을 확대하는 위험한 덫으로 변한다.

프롬의 분석은 스미스의 『도덕감정론』과 거의 일치한다. 앞서 진술한 것과 같이 스미스는 인간이 재산, 명성, 권력을 찾아 광분하는 것은 이기심 때문이지만 그 이기심의 정체는 자연스러운 욕구가 아니라 '허영'이라고 지적했다. 그리고 다음과 같이 말한다.

> 허영은 늘 자신이 주목의 대상이 되고 사람들로부터 인정의 대상이 되고 싶은 욕망에 기초하고 있다. 돈 많은 사람이 재산을 자랑하는 것은 그 재산으로 인해 자신이 자연스럽게 세상으로부터 주목을 받는다는 것을 알기 때문이다. 이런 상황을 생각하면 그의 마음은 허영으로 끓어오른다. 그리고 그는 자신의 부유함으로 인해 세상 사람들이 자신을 주목하는 것을 자신의 부가 가져다주는 그 어떤 이점보다 선호한다. 세상은 신분과 지위가 높은 사람을 주목한다. 모든 사람이 그런 사람들을 보기를 갈망하고 부유함으로 인해 누릴 수 있는 환희와 의기양양함을 마음속에 그리고 싶어 한다.
>
> —애덤 스미스, 『도덕감정론』

주의해야 할 것은 사람들이 자신이 추구하는 것을 이러한 '허영'이라고 인식하지 않도록 하는 것이다. 왜냐하면 그것을 '허영'이라고 인식해 버리면 그 이면에 숨겨진 불안이 표면으로 드러나 버리기 때문이다. 설령 그것을 '허영'이라고 인정하더라도 "어쩔 수 없는 일이야" 하며 덮어 버린다.

자아를 상실한 사람은 자기도 모르게 자신을 싫어한다. 자신에게 강요된 '그러해야 할' 본연의 모습과 자신의 실제 모습이 일치하지 않아 자기혐오에 빠지기 때문이다. 그 깊은 자기혐오는 자신의 가장 큰 비밀이다. 그 비밀을 스스로 자각하지 못하게 하려면 자신의 가치를 늘 타인에게 인정받아야만 한다. 그러기 위해 열심히 일하고 돈을 모으고 옷을 차려입고 결혼을 하고 아이를 낳고 그 나름의 취미를 익혀 사회 활동에 참여한다. 이러한 모든 것이 허영이 되고 만다.

물론 이것이 근면, 절약, 단정한 차림새, 가정을 소중히 여기는 것, 공익 봉사 등의 덕목을 부정하는 것은 아니다. 그러한 것들이 자기 자신의 생생한 감정에서 시작되어 행한 것이라면 그것은 실로 존경할 만한 일이다.

그러나 사회적 자아에 내몰려 체면을 지키기 위해 '실

용주의적 수치'에서 행복을 위장하려고 행한 것이라면 그것은 허영이고 자기기만을 확대하는 위험한 행위이다. 문제는 무엇을 하느냐가 아니라 어떻게 하느냐이다. 남에게 흠 잡히지 않으려 하는 것이라면 '허영'이고 자발적으로 하는 것이라면 '덕행'이다.


## '엘리트'라는 속박

이러한 위장 작전은 그것이 자기 자신을 대상으로 하는 위장 작전인 이상 자신 스스로가 깨닫지 못하도록 비밀리에 실행할 필요가 있다. 그때 '선택의 자유'라는 말은 실로 유효한 기능을 한다. 즉 재산을 가진다면, 혹은 사회적으로 높은 지위를 얻으면 '선택의 자유'가 넓어진다고 자신을 설득할 수 있는 것이다.

전형적인 예를 들자면, 세상이 높게 평가하는 엘리트 대학으로 진학하는 것을 목표로 삼는 수험생의 마음에서, 아니 좀 더 정확히 말하면 자신의 자녀를 그러한 경쟁에 몰아넣는 수험생 부모의 마음에서 뚜렷하게 나타난다.

고달픈 입시 공부는 아무도 하고 싶어 하지 않는다. 나도 하고 싶지 않았다. 그런데 속박에 걸려 자아를 상실한 아이는 설혹 수험 공부를 안 해도 된다고 하더라도 자신이 도대체 무엇을 하고 싶은지 도무지 알 수 없다. 실제로 나도 그랬다. 중학교 2학년 도덕 시간에 '왜 진학하는가?'라는 제목으로 작문을 한 적이 있다. 그런데 나는 그런 것을 왜 꼭 써야 하는지 몹시 불쾌하게 느껴져서 "내가 무엇을 하고 싶은지 모르겠고, 모두가 시험을 치기 때문에 나도 시험을 칠 뿐이다"와 같은 내용을 퉁명스럽게 썼다. 실로 밉상인 중학생이었다.

그런 나를 내 부모님은 "좋은 학교를 나오면 나중에 네가 하고 싶은 일은 무엇이든 할 수 있다"고 설득했다. 즉 선택의 자유가 넓어진다고 한 것이다. 나도 역시 좋은 생각이라고 납득했다. 우리 부모님이 별난 말을 하는 특이한 분들은 아니었으니 아마도 많은 부모가 그런 말을 흔히 하지 않았을까 추측한다. 그래서 나는 열심히 공부해서 일류 고등학교를 거쳐 교토대학에 들어갔다. 그런데 대학을 졸업하고 20년은 더 지난 최근에야 비로소 "선택의 폭이 넓어진다"는 것이 큰 속임수였다는 것을 깨달았다.

좋은 대학을 졸업하면 좋은 회사에 엘리트로 입사할 수 있으니 좋은 대학에 들어가지 않았으면 얻을 수 없었던 선택권이 늘어난 것처럼 보인다. 그러나 냉정히 생각하면 그 지위(꼬리표)는 동시에 족쇄가 된다. 그 지위를 얻고 나면 그 지위가 통하지 않는 곳에 발을 디디는 것이 무서워지는 것이다. 실제로 수험 공부 등으로 인생을 낭비해서는, 지위 없이 승부하지 않으면 안 되는 세계를 사는 것이 어려워진다.

물론 용기가 있으면 그것도 가능하다. 내 친구 중에 어릴 때부터 기타의 달인을 동경했음에도 불구하고 교토 대학 물리학과를 졸업한 사람이 있다. 그는 일류 기업의 연구직에 취직했는데 아무리 해도 미련을 떨칠 수 없어서 회사를 그만두고 기타 연주자가 되었다. 이런 사람도 없지는 않다. 하지만 이 친구의 경우도 수험 공부 따위는 하지 말고 처음부터 기타 연주자가 되는 편이 나았을지도 모른다.

그런데 이러한 용기는 부모에게 속아 얌전히 수험 공부를 하는 아이에게는 없는 것이 보통이다. 이리하여 자기 자신을 잃고 자신이 무엇을 하고 싶은지도 모르게 된 아이는 좋은 학교를 나와서 겉보기에는 '선택의 자유'를 확대한 것 같아도 실제로는 자유를 행사할 수 없다.

그러한 그들에게는 일류 대학 출신 전용으로 준비된 '엘리트 코스'라는 협소하고 겉치레로 가득한 경로만이 주어진다. 이 코스에 올라탄 인생은 겉으로 보이는 화려함에 비해 속은 공허하다. 세상이라는 곳은 위로 올라가면 갈수록 제약이 크다. 무언가 조금이라도 실수를 저지르면 "일류 대학까지 나와서……" 하는 식의 말을 들을 테니까.

물론 엘리트들은 그런 말을 듣는 걸 참지 못하니 심혈을 기울여 일에 몰두해 "역시!"라는 말을 들을 수 있도록 최선을 다한다. 하지만 이런 식이라면 그는 엘리트 간판의 노예가 된다. 게다가 용기가 없어서 이 엘리트 코스에 올라타고 만 사람은 이 코스에서 벗어나면 나락으로 추락할 것 같은 느낌이 들어 점점 거기에 집착하게 된다.

그렇게 되면 뭔가 언짢은 일을 당했을 때도 "싫다"고 표현했다가는 상사나 동료와 알력을 일으키게 되고 그로 인해 코스에서 탈락할 것 같다는 두려움에 자신을 억누르고 만다. 엘리트 코스에서는 너도나도 이러한 공포심을 안고 있어서 자신보다 강한 자에게는 비위를 맞추고 약한 자는 지배하는 분위기가 당연한 것으로 자리 잡고 있다. 그것이 강렬한 '괴롭힘'의 세계를 만들어 내고 만다.

또한 '결혼' 관련해서도 무서운 함정이 기다리고 있다. 일류 대학 출신의 엘리트 비즈니스맨이 되면 그 사람의 '상품 가치'가 올라간다. 그러면 다른 사람과의 관계에서 인간적으로 자연스럽게 마음이 이어지기 전에 이 '상품 가치'가 먼저 어른거린다. 허영에 고무된 사람은 이 높은 상품 가치에 매료되어 그 사람에게 집착하며 열렬히 접근한다.

본인도 상대의 '상품 가치'가 자신에게 어울리는지 가늠하게 된다. 이러한 상태에서 자신과 상대와의 창발성을 꽃 피울 수 있는, 넘치는 사랑으로 가득 찬 연결 지점을 만들려면 본인이 상당히 마음을 단단히 먹고 자기 자신과 상대방의 기만을 분간하지 않으면 안 된다. 그런데 그러한 단단한 마음이 일류 대학에 합격하는 절차적 계산과 양립하는 경우는 드물다. 이렇게 허영과 기만으로 가득한, 집착에 기초한 '결혼'을 해 버릴 가능성이 높아진다.

자신이 싫어하는 과목에서조차 다른 사람들보다 월등히 높은 성적을 받아야만 일류 대학에 합격할 수 있는데 그런 일은 보통 사람은 불가능해서 많든 적든 어딘가에서 인격적 뒤틀림이 일어난다. 그런 뒤틀림을 가진 사람은 창발성에 민감한 사람에게는 꺼림칙하게 느껴지므로 애당초 고려 대상이 못 된다. 게다가 앞서 말한 것과 같은 사정이 겹치면 상당한 확률로 결혼 상대도 허영으로 가득한 사람이 되고 만다.

이상과 같은 이유로 '좋은 학교에 들어가면 선택의 자유가 넓어진다'는 명제가 속임수임을 알 수 있을 것이다. 이러한 길에 들어선다는 것은 허영으로 가득 찬 편협한 세계로 들어가는 것과 마찬가지다.

세상 사람들은 도쿄대학의 교수라고 하면 월급도 많이 받고 모두의 존경을 받으며 따뜻한 가정에서 유유자적 행복하게 살 것이라고 생각하는 것 같다. 그러나 실제로 나를 포함한 도쿄대학 교수의 수입은 엘리트 샐러리맨과 비교하면 훨씬 적다. 게다가 동료 교수들이 특별히 행복하게 보이지도 않는다. 오히려 입은 꾹 다물고 미간에는 주름이 진 음울한 얼굴을 하고 자신이 누군가에게 미움을 받고 있는 것은 아닌지, 누군가 자기를 업신여기고 있는 것은 아닌지, 언젠가 누군가의 계략에 걸리지는 않을지 하는 등등의 막연한 불안을 안고 있는 사람이 적지 않다.

물론 엘리트 코스만 심한 곳이고 그 밖의 다른 세상은 심하지 않다고 말하는 것은 아니다. 예를 들어 엘리트 코스는 적어도 경제적인 면에서는 윤택해서 돈이 없어 겪는 힘든 일에서는 비교적 자유로울 수 있다. 경제적인 고통이 보통 어려움이 아니라는 것도 충분히 알고 있다.

내가 여기서 지적하고 싶은 것은 엘리트 코스를 사는

고통이 그 밖의 세계를 사는 고통에 비해 결코 덜하지 않다는 것이다. 엘리트 코스에 진입함으로써 고뇌가 줄어들지도 않으며, 어떤 면에서 감소한 것처럼 보여도 다른 면에서는 오히려 증가하고 있고, 특히 '기만'이라는, 인간의 본원적인 고통의 원인은 큰 폭으로 증가한다.

게다가 그러한 코스에 들어가는 권리를 획득하는 것은 그것 이외의 세계에 들어갈 권리를 포기하는 것과 같아서 결코 선택권이 넓어지지 않는다. 좋은 학교에 들어가면 선택의 폭이 넓어져서 하고 싶은 일을 할 수 있게 된다는 '설'은 근본적으로 잘못된 것이다.


## 돈이란 선택권이다

돈에 집착해서 그것을 가능한 한 축적하는 행동 양식도 완전히 똑같은 작동 메커니즘을 갖고 있다. 돈의 이점은 그것을 언제라도 원하는 것과 교환할 수 있다는 것이다. 즉 돈은 '선택권의 다발'이다. 그것의 증거로 각종 화폐의 가치는 그것이 주는 선택권의 폭에 기대고 있다.

예를 들면 유럽의 EU에 속해 있는 여러 나라는 미국의 달러에 대항하기 위해 각국의 통화를 통합해서 '유로'

라는 화폐를 만들었다. 마르크와 프랑으로는 직접 교환 가능한 대상이 독일과 프랑스의 생산물 서비스에 한정된다. 그에 비해 유로는 이러한 나라들을 묶은 전 유럽에 속한 국가의 생산물 서비스에 대한 선택권을 발휘할 수 있으므로 선택권이 큰 폭으로 확대된다. 실제로 이 통합으로 미국에 대한 유럽의 통화적 지위가 크게 향상했다.

그리고 중국에서는 이전에 인민폐人民幣 이외에 외화태환권外貨兌換券이라는 지폐가 있었다. 지폐에 똑같이 '위안'元이라는 통화 단위를 쓴 두 종류의 유통화폐가 중화인민공화국 내에서 같이 유통되었다. 물론 법률적으로는 인민폐와 외화태환권은 등가로 취급되었다. 그런데 이 둘은 액면가는 같아도 실제 교환 가치는 달랐다. 암시장에서는 외화태환권 100위안이 인민폐 150위안 정도에 해당했다. 왜냐하면 당시의 인민폐는 외화와 교환할 수 없지만 외화태환권은 외화와 교환할 수 있었기 때문이다.

그리고 그 외에도 '우의상점'과 '수출센터'와 같은 외국 수입품과 수출 전문 품목을 취급하는 특수한 백화점이 있어서 거기서 물건을 구입하려면 외화태환권이 필요했다. 즉 같은 나라의 통화인데도 외화태환권이 제공하는 '선택의 자유'가 인민폐보다 컸다.*

---

★ 야스토미 아유미, 『중국의 이중통화제도』.

    내가 해 본 간단한 추계로는 각국의 수출 품목의 다양
성을 표현하는 지수(상품 엔트리)가 각 나라의 통화 가치
(매매력 평가의 역수)와 거의 관련이 있었다. 이것은 살 수
있는 상품의 종류가 많으면 많을수록 그 화폐의 가치가 높
다는 것이다. 그래서 나는 돈의 본질은 '선택권의 다발'이
라고 생각하게 되었다.*

    그리고 마르크스가 『자본론』 첫머리의 「가치형태론」
에서 지적했듯이 이 넓은 선택권은 화폐라는 '사물'의 속
성이 아니다. 많은 사람이 돈을 가지고 싶어 하고 돈과 바
꿀 수 있다면 자신이 줄 수 있는 상품과 서비스를 언제라
도 제공하고 싶어 하는 마음의 결과이다.

    이러한 현상은 화폐 자체가 어떠한 특성을 가져서 생
기는 것이 아니다. 사람들이 화폐를 열망하는 것은 화폐가
화폐이기 때문이다. 사람들이 '모두가 받는 것이면 받는
다'는 단순한 전략을 채택하고 있다면 어떠한 이유로 어느
정도 이상의 '인기'를 얻은 상품은 그것이 '인기'가 있다는
이유로 수요가 일어나게 되고 그렇게 수요되어서 사람들
은 그 상품이 '인기'가 있는 것으로 간주하게 된다.

    즉 화폐란 사람들의 '수요'라는 행위가 상호촉진적 기
능을 가짐에 따라 자기 조직적으로 형성되는 동적인 구조

---

* 야스토미 아유미, 『화폐의 복잡성』.

이다. 나는 컴퓨터 안에 다수의 엔트리로부터 구성되는 모델을 구축해서 그들이 '모두가 받는 것이면 받는다'는 단순한 전략을 택하면 거기에 화폐가 출현하는 것을 보여 주었다.

예를 들어 여기서 몇 명의 사람이 어떤 상품을 자신의 상품과 교환하여 받았다고 하자. 그것을 때마침 목격한 사람은 "아, 저 상품은 모두에게 다 받아들여지는 거구나" 하고 생각한다. 그리고 그 사람도 그 상품을 받아들이게 된다. 그것을 또 다른 사람이 보고…… 하는 식으로 연쇄 반응이 일어난다. 그러면 그 상품이 받아들여지는 빈도는 한층 더 높아진다. 이렇게 해서 그 상품은 누구나 기꺼이 받는 '화폐'가 된다.

이러한 단순한 행동의 에이전트를 짜 넣은 모의 실험으로 교환의 매체가 되는 화폐가 출현할 수 있다는 것은 그것이 사람들의 행위가 만들어 내는 협동 현상의 일종에 지나지 않음을 잘 보여 준다. 따라서 일반적인 교환 매체로서의 화폐 생성은 창발이 아니다.

이렇게 형성된 화폐는 변하기 쉽고 불안정하다. 왜냐하면 '모두가 받으니 (나도) 받는다'는 전략은 몇 명을 가리켜서 '모두'라고 인식하는가와 같은 문제가 발생하기 때문이다. '모두가 받는다'고 사람들이 인식하면 화폐는 생성되는데 일단 화폐가 생성되면 실제로 많은 사람이 받고 있는 장면을 보기 때문에 사람들은 '모두=대다수의 사람'이라고 인식하게 된다. 즉 화폐를 화폐로서 인식하는 조건이 엄격해진다. 그러면 이번에는 소수의 사람이 받아들이는 것을 거부하는 것만으로 '더 이상 모두가 그 화폐를 받는 것은 아니다'라는 인식이 퍼져 화폐는 붕괴하고 만다.

이렇게 해서 화폐는 자성자멸을 반복하는 성질을 갖는다. 나는 이것이 인플레이션이나 신용 불안과 같은 까다롭고 복잡한 여러 화폐적 현상의 한 근원이라고 생각하는데 그것은 화폐가 창발이 아니라 협동 현상에 지나지 않는다는 결론에 이른다.*

### 축재의 충동은 어디에서 오는가?

이렇게 보면 화폐의 축적이라는 행동 양식은 이 선택권 다발을 끌어모으는 것을 의미한다. 화폐가 선택권의 다발인 이상 그 축적은 '선택의 자유'를 확대한다. 화폐가 가진 선택권은 사람들이 그 화폐에 대해 주는 것이므로 화폐를 많이 소유하면 사람들의 갈망과 호의를 소유하게 된다.

---

* 『화폐의 복잡성』. 나는 이 책을 쓸 때 화폐의 변하지 않는 본성을 '창발'이라 불렀는데 지금은 그것이 틀린 것이라 생각한다.

이렇게 화폐를 소유하는 것으로, 자아를 더 보강하고 허영을 채우는 천박한 행위를 '선택의 자유'를 확보한다는 훌륭한 행위로 바꿔치기하는, 자기기만이 가능해진다.

그런데 이 행동 양식은 수험생과 똑같은 결점을 가진다. 자아를 상실하고 자신이 무엇을 갖고 싶어 하는지 무엇을 하고 싶어 하는지 모르는 상태에서는 선택의 자유를 확대하더라도 아무 의미가 없다. 아니 의미가 없을 뿐만 아니라 돈을 모으면 모을수록 그 선택의 자유를 잃을까 두려워 모은 돈을 쓸 수도 없게 된다.

그래서 선택의 자유를 확대하려고 모아 둔 돈 때문에 오히려 선택의 자유를 잃게 된다. 이 지경에 빠진 사람을 '수전노'라고 한다. 현금만 쌓는 것으로 안심하는 단순한 수전노는 많지 않지만, 현금화가 가능한 금융 자산이나 가처분성이 높은 재산을 축적하는 것까지로 범위를 넓히면 수전노적 행위를 하는 사람이 적지 않다. 아니 적지 않은 것이 아니라 무슨 일이 있을 때를 대비해서, 장래를 위해서, 조금이라도 더 많이 모아 둬야 한다는 생각을 가진 사람이 대부분이다. 물론 그런 대비가 전혀 없이 생활하는 것도 위험하기 그지없다.

그러나 이와 같이 만약을 위해서 축적한다는 행동의

논리는 '도대체 얼마나 축적해야 만약을 위해 충분할까'와 같은 문제를 만난다. 100만 엔을 모으니 200만 엔이 없으면 불안하고 200만 엔을 모으니 400만 엔이 없으면 불안하고 400만 엔을 모으니 800만 엔이 없으면 불안해진다. 충분히 축적해서 내 인생은 이제 괜찮다 싶어지면 이번에는 내 아이의 인생이 걱정되고, 아이의 인생도 괜찮다는 생각이 들면 손자의 인생이 걱정된다.

결국 '얼마를 모으면 충분할까'에 대한 해답은 '그 사람의 불안이 사라질 때까지'이다. 하지만 아무리 모아도 불안은 사라지지 않는다. 모으면 모을수록, 여유가 생기면 생길수록, 걱정되는(신경이 쓰이는) 범위도 덩달아 늘어나 불안은 더 커진다. 모으는 것을 그만둘 수 있는 것은 불안이 줄었을 때이지 모은 금액이 충분하게 되어서가 아니다. 불안이 가시지 않으면 모으는 것도 멈출 수 없다.

이처럼 불안이 있는 한 단순히 탐욕을 부리는 것이 아니어도 돈을 축적해 선택의 자유를 확대하려는 욕구는 끝이 없다. 그렇다면 이 행동 양식 또한 자신에게서 발현된 행동이 아닌 것이다. 이것은 언뜻 보기에 재물 축재에 마음을 빼앗겨서 자신을 잃어버린 것처럼 보이지만 인과의 순서는 아마도 반대일 것이다. 자신을 잃지 않은 사람은 축재에 마음을 빼앗기지 않는다. 자기 자신을 잃지 않고 있으면 자신이 필요하다고 생각하는 정도까지만 모으면 이미 충분하다는 것을 알게 될 것이다. 애당초 자신을 잃어버렸기 때문에 재물을 쌓는 것에 마음을 빼앗기고 끝이 없는 걱정거리를 찾아내는 것이다.

그렇다면 이렇게 생활을 그대로 유지하려는 보수적인 상황에서 돈을 축적하려는 욕구도 결국은 선택권의 다발을 모으는 화폐 소유로 자아를 보강하겠다는 천박한 행위를 합리화하려는 것과 같다. 이렇게 해서 이기심은 어디를 가나 자기혐오를 은폐하기 위해 타인에 대한 지배권을 쟁취하려고 쟁탈전을 벌인다.


## 애덤 스미스가 생각하는 허영에 의한 질서

인간의 이기심의 정체가 허영이라고 주장한 애덤 스미스는 사람들이 이 이기심을 따르는 것이 사회 질서의 근본이 된다는 의견을 펼쳤다. 이 주장의 핵심은 사람들의 이기심의 본질인 허영에는 애초에 다른 사람의 눈을 의식한다는 점이 포함되어 있다는 것이다.

이기심의 기반은 허영이고, 허영이란 다른 사람의 눈

에 내가 잘 비치기를 바라는 마음이다. 사람들이 치열하게 경쟁하는 이유가 허영을 위해서라면, 재산을 추구하는 것도 허영을 위해서라면, 그렇다면 노골적으로 약탈하여 재산을 모으면 허영을 잃게 된 것이다. 자유방임 정책을 채택해도 질서가 유지되는 것이다. 이 논리를 단순화해서 묘사하면 다음과 같이 된다.

자동인형 → 허영 → 다른 사람의 눈 → 상호 작용 → 질서화

첫 번째를 자동인형으로 한 것은 자아를 상실해서 사회적 자아를 강요당하는 것이 허영의 원천이기 때문이다. 즉 스미스는 사람들이 '허영=이기심'에 사로잡히는 자동인형이 되어도, 혹은 그렇게 되어야, 질서가 만들어진다고 주장한 셈이다.

한편 나는 앞에서 말한 것처럼 『화폐의 복잡성』에서 컴퓨터 속에 자신의 효용을 개선하려고 노력하는 자동인형을 다수 배치하여 상호 작용시키면 그들 사이에서 화폐가 스스로 만들어짐을 증명하였다. 이 모델은 일견 스미스의 명제를 증명한 것처럼 보인다. 실제로 이 모델의 모토

가 된 것은 경제학자인 카를 멩거의 '화폐생성론'이다. 멩거는 이 이론이 스미스의 '시장질서론'의 증명이 될 것이라고 생각했다.

그러나 내가 컴퓨터 시뮬레이션을 통해서 증명한 것은 화폐는 자기 생성을 함과 동시에 자기 붕괴도 한다는 것이다. 이기적인 주체의 상호 작용은 확실히 교환을 용이하게 하는 '화폐'라는 구조를 만들어 낼 수 있지만 일단 화폐가 출현하면 그 구조의 존재를 전제로 각 주체는 효용의 확대를 지향한다. 그러면 화폐의 안정성을 저해하는 전략이 유리해져 이 모색 끝에 화폐는 붕괴하고 만다.

이러한 사실로부터 나는 자유방임 정책은 그것 자체로는 질서를 만들어 낼 수 없고, 설령 만들어 냈다고 해도 그것은 항상 붕괴의 요소를 내포하고 있다고 생각했다. 이것은 자동인형의 상호 작용에 의해서는 진정한 질서가 만들어지지 않는다는 의미다. 거기서 볼 수 있는 것은 어디까지나 상승과 하강을 반복하는 거품이며, 장기적으로 보면 폭주이다. 즉 스미스처럼 '허영'에 기반을 둔다면 다음과 같은 흐름이 고작이다.

자동인형→허영→다른 사람의 눈→상호 작용→폭주

이러한 자동인형이 불러일으키는 협동 현상이 어떠한 역동성을 보여 줄 것인가 하는 문제의 연구는 살기 위한 경제학의 중요한 버팀목이 된다.*

## 의존증으로서의 경제 활동

자아를 상실하고 사회적 자아에 자신을 빼앗긴 사람은 자기혐오에 빠진다. 왜냐하면 자신의 진짜 모습이 사회적 자아의 요구에 부합하지 않기 때문에 자신이 가치가 없다고 생각하기 때문이다. 그 자기혐오라는, 자기의 특급 비밀을 자신에게서 감추려면 자기기만으로 스스로를 속일 필요가 있다. 알코올 의존증 같은 것은 이 속임수의 필요에서 생겨난다. 의존증은 알코올이나 약물에 대해서만 생기는 것이 아니다. 그것 이외에도 그 사람의 활동 중 많은 부분이 의존증의 양상을 띠게 된다. 알코올 의존증에 걸려 술을 마시는 것이 무의미한 것처럼 예를 들어 일 의존증이 되어 일을 하는 것은 무의미하다.

---

* 이러한 문제의식을 가진 연구는 한정되어 있지만 가츠라기 마사키는 『거품경제론』에서 비판적 리얼리즘의 논점을 계속 취하며 경제의 본질에서 거품을 보는 시점을 다소 치밀하게 펼쳐 놓는다. 단, 가츠라기는 그 거품 끝에 사회라는 실체가 창발할 수 있다고 생각한다. 이 점에 관해서 나는 현재 창발은 개인에서만 일어난다는 입장이다. 그러나 나 자신도 바로 얼마 전까지 가츠라기와 같은 입장이었고 현재도 내 견해가 옳은지 어떤지 더 논의해야 한다고 생각한다.

특히 무의미한 활동의 대표라 할 수 있는 건 격한 노동과 격렬한 소비의 조합이다. 이 두 가지 모두 자기 안의 본래의 문제에서 도피하고 불안을 외면하는 데 도움이 된다. 게다가 격한 노동으로 생긴 생산물을 격렬한 소비로 탕진함으로써 수입과 지출을 맞추는 것과 동시에 '소비하기 위해 노동한다'는 이유를 붙여 자기기만을 강화한다.

매일 고되게 일하며 일에 쫓기다 보면 나머지는 어떻게 되든 상관없어져서 머릿속은 온통 일로 가득하게 된다. 게다가 그 일은 가능한 한 내용이 없는 것이 바람직하다. 예를 들어 그것이 정말로 아름다운 것과 의미 있는 것을 만들어 내는 일이라면 난처해진다. 왜냐하면 아름다운 것, 의미 있는 것을 만들어 내려면 창발이 필요하기 때문이다. 창발이 일어나려면 거기에 창발을 저해하는 요인이 있어서는 안 된다. 창발을 저해하는 요인은 자기기만이다.

자기 내면과 주위에서 기만을 제거하려면 자기 자신의 참모습과 마주할 필요가 있다. 그런데 그런 일을 하면 자기가 자기 자신에게 저지른 배반이 폭로되고 만다. 이래서는 무엇 때문에 고된 노동을 하고 있는지 알 수가 없다.

자기혐오와 그것에서 오는 불안을 눈치채지 않기 위해 유용한 것은 창발적 계산에 의존하지 않는 일이다. 절차적 계산으로만 실행할 수 있는 일은 거기에 몰두하면 자신을 잊을 수 있다. 객관적 기초에 근거해서 객관적 절차로 구성되고 객관적으로 결과를 평가할 수 있는 일이 가장 바람직하다. 이 일을 한눈팔지 않고 실현하려면 자아를 더욱더 잠재우고 사회적 자아를 단련시킬 필요가 있다.

투기사업에 돈을 대는 위험 부담이 큰 일도 안성맞춤이다. 주식, 환율, 곡물, 석유, 귀금속 투기 등을 일로 하면 매일 도박을 하고 있는 것 같은 긴장감을 맛볼 수 있다. 혹은 새로운 사업을 위험을 무릅쓰고 시작하는 것도 나쁘지 않다. 큰 위험을 무릅쓰고 조마조마하다 보면 자신과 마주할 걱정은 일절 없어진다. 격렬한 노동을 가능하게 해 주는 것은 일을 하고 있지 않으면 불안해지는 정신 상태이다. 그렇게 하면 일을 하기 위해서 일을 한다는 자기목적화가 성립한다. 이러한 상태는 일 의존증(워커홀릭)이라고 해도 좋다.


## 일 의존증과 알코올 의존증

이 문제에 관해서 생각할 때 문득 자각하며 깜짝 놀라게 되는데…… 여기까지 와서 뭘 숨기겠는가. 나 자신도 확실히 일 의존증이다. 논문을 쓰거나 이렇게 책을 쓰거나 누군가와 논의를 하는 것이 나의 주된 일인데 이것은 아무리 해도 지치지 않는다. 정확하게 말하면 실은 매우 지치는데 지친 것을 자각하지 못한다.

나는 언제나 어깨 결림과 요통에 시달리는데 이렇게 온몸을 긴장시켜 맹렬히 일하기 때문에 그런 것이 틀림없다. 그런데 연구에 몰두하고 있으면 전혀 신경 쓰이지 않는다. 이 상태에 한번 들어가면 언제까지라도 틀어박혀 나오지 않고 주위의 소리조차 거의 들리지 않는다. 그렇게 되어 있을 때는 아주 즐겁다. 그러나 냉정히 비추어 보면 '즐겁다'는 것은 아마도 착각일 것이고 '불안을 느끼지 않게 되어 안심한다'는 것이 정확한 나의 상태가 아닐까 생각한다.

연구에 몰두하지 못하면 불안해지고 정신 상태가 나빠지며 결국 괴성을 지르는 등 이상 행동을 하는 경우가 있기 때문이다. 이것은 확실히 의존증 증상이다. 구리하마식 알코올 의존증 선별 테스트(이하 KAST)의 몇몇 항목에 등장하는 '술'이라는 말을 '연구'로 수정해 보면 다음과 같이 되는데 아무리 봐도 나는 이것들에 모두 해당한다.

- 연구 때문에 중요한 사람(가족과 친구)과의 인간관계에 금이 간 적이 있다.
- 적어도 오늘만은 연구하지 말자고 생각해도 무심코 연구를 하고 마는 경우가 많다.
- 주위 사람(가족과 친구 상사 등)에게서 "연구를 너무 많이 한다"는 말을 들은 적이 있다.
- 조금만 연구를 하자고 생각해도 나도 모르게 심야까지 연구를 하고 만다.
- 연구에 몰두하고 있는 동안 일어난 일에 대해 드문드문 기억이 안 난다.
- 휴일에는 거의 언제나 아침부터 연구를 하고 있다.
- 연구에 몰두해서 회의를 빼먹거나 중요한 약속을 지키지 못한 경우가 종종 있다.
- 연구를 하지 못하면 초조하거나 불면증 등으로 괴롭다.
- 연구에 관해 논의하다 보면 항상 공격적으로 반응한다.

KAST의 14개 항목 중 이 9개 항목에 해당하면 나머지 5개 항목이 모두 '해당 없음'이라도 17.0이라는 높은 점수를 획득한다. 이 테스트는 점수가 2.0 이상이면 '아주 문제 많음'(중증 문제 음주군)으로 판정되니 이 점수라면 알코올 의존증을 진단받는 데 차고 넘친다. 그렇게 본다면 나는 틀림없는 중증의 연구 의존증이라고 생각해야 할 것이다.

이 의존증의 무서운 점은 알코올 의존증이라고 하면 '병'이라는 꼬리표가 붙어서 주위로부터 질타를 받거나 치료를 권유받는 데 반해 연구 의존증의 경우, 주위로부터 칭찬을 받고 감탄을 받고 존경을 받고 업적이 늘어서 출세하게 된다는 것이다. 이래서는 자신이 이상함을 자각하는 것이 거의 불가능에 가깝다.

### 재능이라는 비애

이러한 의존증인 사람을 '집중력이 높다'든지 '재능이 있다'든지 하며 높이 평가하면 위험하다. 그것은 무엇보다 당사자에게 좋지 않다. 그리고 그런 사람을 지도자의 자리에 올리는 것은 알코올 의존증인 사람을 지도자의 자리에 올리는 것처럼 위험한 일이다.

물론 그것은 연구에 한정된 이야기가 아니다. 어떠한 것에든 의존증이 된다는 것은 자아를 상실한 것이다. 그런 사람을 높이 평가하고, 그런 사람을 모범 삼아 기준을 설정한다면 그것은 모두가 중독되기를 강요하는 꼴이 된다. 이렇게 중독이 되었음에도 이상하지 않다고 하는 사람이 있다면 그것은 심한 의존증에 걸린 사람뿐이다.

이런 관점에서 보면 알코올 의존증 환자는 일 의존증 환자보다는 사회적 폐해가 덜할지도 모르겠다. 일 의존증에 걸린 사람은 자기기만을 관철할 수 있는 사람이기 때문이다. 거기에 완전히 빠져 주위 사람들에게 자신의 일을 돕게 해서 끌어들일 수가 있다.

이에 비해서 알코올 의존증에 걸린 사람은 자기기만을 관철하지 못한 사람이다. 자신이 기만하고 있다는 것을 알고 있기 때문에 그것을 외면하려고 알코올에 의존한다. 알코올 의존증에 걸린 사람 중에는 소심하고 성실한 사람이 많다고 한다. 이들은 괴롭힘을 받기 쉬운 사람인데, 일 의존증에 걸린 사람의 특징인 괴롭히는 성향이 강한 사람보다는 안전하기도 하다. 알코올 의존증은 자해 행위인데 반해서 일 의존증은 종종 타인에게 해를 끼친다.

주의할 점은 나는 보통의 일 의존증 선별 테스트에서는 별로 해당 사항이 없어서 '일단 괜찮지만 주의가 필요' 정도의 판정을 받는다는 점이다. 오늘날 일 의존증의 일반적인 판정 기준은 성실하고 부지런한, 요령 없는 샐러리맨이 주로 걸리는 것처럼 보인다.

그러면서도 세간에서는 재능이 풍부하다는 평가를 받고 성공하고 거침없이 활약하고 있다고 주위에서 믿고 있고 본인도 믿는, 정말로 심각한 일 의존증 환자를 '정상'으로 판정하고 있다. 일에 몰두하는 것 자체가 나쁜 것은 아니라는 점에 특히 주의하기 바란다. 하지만 일에 몰두해서 자신과 자신의 소중한 사람에게 상처를 준다면 그것은 의미도 없고 하지 않는 편이 낫다.

그러나 자기 자신의 정체성을 잃지 않고 일을 정력적으로 추진해 나갈 수 있다면 그것은 실로 훌륭하다고 생각한다. 그런 사람이 사회의 이런저런 곳에서 자기가 해야 할 일을 제대로 하고 있어서 세상은 어떻게든 돌아가고 있는 것이다. 자아실현으로서의 일만큼 인간에게 중요한 것은 없고 그것을 고려한 상태에서의 근면은 분명 미덕이다.

마찬가지로 자기혐오에서 비롯된 무력감에 짓눌린 게으름은 심각한 악덕이다. 또 여기서 '나의 소중한 사람'이라는 개념을 좀 생각할 필요가 있다. '나의 소중한 사람'은 누구인가. KAST에서는 '나의 소중한 사람(가족과 친구)'으로 되어 있다. 확실히 그 후보로 부모, 배우자, 아이, 친구 등이 곧바로 떠오를 텐데 그들이 정말로 소중한 사람인지 아닌지는 잘 따져 볼 필요가 있다.

　왜냐하면 가족과 친구로부터 악랄한 괴롭힘을 당하는 일은 정말로 자주 있기 때문이다. 적어도 나의 병증은 가족에게서 받은 괴롭힘이 원인이고 그것을 나 자신에게 은폐하기 위해서 연구 의존증이 되었다고 생각한다. 가족이나 친구가 자신을 힘들게 하는 진범인 경우, 그 사람의 기분을 나쁘게 했다고 자신을 탓하며 침울해지면 점점 심하게 '학대'에 걸려들고 만다. 진정한 의미에서 나를 사랑하고 소중하게 생각해 주는 사람은 누구인가. (자신도) 모르는 사이에 그 사람에게 상처를 주고 있지는 않은가. 이 물음에 바로 대답하지 못하면 의존증에서 벗어날 수 없다. 그러려면 자아를 되찾는 수밖에 없는데 그것은 쉬운 일이 아니다. 왜냐하면 나 같은 사람들은 자아를 이미 상실해서 의존증이 되었기 때문이다.


**소비를 하게 만드는 추동**

정작, 일의 자기목적화는 그것만으로는 불완전하다. 의미도 없이 일을 하는 것은 아무리 그래도 자기 스스로도 뭔가 잘못되었다는 것을 깨닫게 되기 때문이다. 이를 은폐하는 데 가장 효과적인 방법은 소비 또한 자기목적화시키는 것이다. 소비가 자기목적화되어 폭발적으로 늘어나면 "격렬히 소비하기 위해 격렬히 일하고 있다"라고 자신을 설득할 수 있다.

소비에는 본래 한계가 있다. 자기 신체의 욕구는 그다지 많지 않다. 이미 인용한 것처럼 스미스는 "자연이 요구하는 여러 필요"는 인간이 지출하는 것의 극히 일부분이라고 지적했다. 자아를 상실한 사람의 소비 목적은 '안락함이나 기쁨의 달성'이 아니다. 그러면 너무 적다.

소비의 자기목적화는 이 한계를 쉽게 돌파한다. 일 의존증의 관점에서 본다면 여가 같은 것은 본래 위험한 것이다. 여가가 있으면 자기 자신을 돌아볼 수 있게 되기 때문이다. 그러니 일하는 시간 이외는 다른 '소일거리'를 할 필요가 있다.

친구와 함께, 혹은 혼자라도 술을 마시러 가기, 인기리에 상영 중인 영화 보러 가기, 가족을 데리고 놀이공원에 가서 즐기는 척하기, 유명 레스토랑에 가서 먹은 것을 '맛있다'고 믿기, 해외여행에 가서 경험한 것을 '즐거웠다'고 믿기, 파친코나 경마, 경륜 등의 공인된 도박을 하며 손에 땀을 쥐기 등등. 혹은 집에 있더라도 만화책 읽기, 책 보기, TV 보기, 음악 듣기, 하루 종일 주전부리하기, 인터넷에 빠지기 등등으로 시간을 보낸다.

소비를 자기목적화한다는 것은 소비 의존증이 된다는 것이다. 자동차, 휴대전화, 인터넷, 패션, 다이어트 식품 등은 그 전형이다. 그것 없이는 못 살 것 같은 기분이 드는 것이 그 병증의 특징이며, 소비자의 대부분이 그렇게 되었을 때 비로소, 그 업종이 산업으로 안정되는 것이 아닐까.

오늘날에는 기업 활동의 주된 목적이 소비자를 자사의 상품과 서비스에 의존하도록 만드는 것이라 할 수도 있다. 히트 상품이란 그런 자기목적화를 실현함으로써 폭발적 성공을 거두는 것이 아닐까. 단일한 상품으로는 의존증을 유지하는 것이 어렵다. 정말 갖고 싶은 것이 아니면 사람들은 금방 질리기 때문이다. 따라서 소비를 자기목적화하려면 라인업을 풍부하게 만들어서 그것을 빈번하게 교체하는 것이 필요하다. 그래야 소비자의 선택지를 늘리고 '선택의 자유'를 확대해 환호받는다.

선택지의 확대가 초래하는 힘은 엄청나다. 예전에는 야채가게나 생선가게도 그렇고, 책방도 그렇고, 어느 가게나 파는 상품의 종류가 한정되어 있었다. 그러면 금방 싫증이 나니 계속해서 소비할 의욕이 일어나지 않았다. 그런데 지금은 슈퍼마켓이나 각종 대형전문점에서 판매하는 상품의 종류를 보면 현기증이 날 정도이다. 그럼에도 우리는(나를 포함해서) 만족할 수 없게 되어 버렸다.

이러한 대량의 라인업을 유지하고 그것을 자주 교체하기 위해서는 대량의 상품을 버리지 않으면 안 된다. 예를 들어 빵이나 과자가 한 종류밖에 없는 경우와 열 종류가 있는 경우를 비교해 보자. 다른 조건이 모두 동일하다면 열 종류의 상품 중 어느 하나라도 물건이 떨어지지 않도록 유지하는 편이 한 종류가 있는 경우보다는 나중에 폐기될 확률이 훨씬 높아진다.

게다가 그 열 종류를 자주 교체하면 손실율과 마모율은 더욱 올라간다. 애당초 많은 라인업을 생산하고 운반하고 진열하는 것만으로도 많은 자원을 소비한다. 빈번히 상품 교체를 해 주려면 비용이 한층 더 커진다.

이런 먹거리를 냉장고에 보관하다가 버리게 되는 일도 많다. 1996년에 후생성의 추산에 의하면, 일본에서는 약 200만 톤이나 되는 식량이 버려지는데 이것은 총수입량의 3분의 1에 해당한다고 한다. 그리고 그러한 것들은 필요할 때 즉시 입수할 수 있어야 한다. 그렇지 않으면 기다리는 동안 갖고 싶지 않게 되어 버릴 위험이 있다. 그래서 갖고 싶은 것을 갖고 싶을 때 손에 넣을 수 있도록 다양한 방법이 개발되어 왔다. 24시간 영업하는 편의점과 레스토랑이 늘어났다. 인터넷으로 주문해 택배로 받는 시스템은 이런 의미에서 대단한 혁신이었다.

소비를 계속 확대하려면 소비자가 무엇인가를 '탐난다'고 생각하게 할 필요가 있다. 그 역할을 담당하는 것이 광고이다. 일본의 광고업계는 6조 엔 규모의 거대 산업이다. 이만큼의 돈이 소비자의 욕망을 자극하기 위해 사용되고 있다.

광고비는 TV, 신문, 잡지와 같은 매스 미디어의 중요한 수입원이 되고 있으며, 그로 인해 광고가 미디어의 성격에 큰 영향을 미치고 있다. 광고주에게 불리한 보도를 할 수 없으니 언론에는 강한 제약이 걸리는 셈이다. 이렇게 해서 점점 의존증에 걸리지 않은 사람이 이상하지, 의존증에 걸린 사람은 정상이라는 인식이 퍼지게 된다.


**'가정'과 '공동체'**

일과 소비 의존증으로 자기혐오를 은폐하려는 수법이 가진 결점은 누구나 그것으로 불안을 달랠 수 있는 것이 아니라는 것이다. 올바른 일 의존증이 될 수 있는 사람은 경제적, 사회적으로 성공해서 높은 지위를 얻고 사람들이 경의를 표할 수 있다. 게다가 거기에서 얻는 높은 소득으로 안전하게 소비 의존증이 될 수 있다.

하지만 재산, 명성, 권력과 같은 것은 아무나 손에 넣을 수 있는 것이 아니다. 치열한 경쟁이 벌어지며 많은 사람이 패자가 된다. 그런 사람들은 어떻게 잃어버린 자아를 채울 수 있을까. 이 점에 관해 프롬은 앞서 인용한 글에 이어 다음과 같이 말했다.

재산도, 사회적 위신도 변변치 못한 사람에게는 가정이 개인적 위신의 원천이었다. 가정에서 개인은 '대단한 인물'이 된 기분을 느낄 수 있었다. 아내와 자식을 복종시키고 무대의 중앙을 차지하고 순진하게도 자신의 역할을 자연스러운 권리로 받아들였다.

사회적 관계에서는 보잘것없는 인물이라고 하더라도 집안에서는 왕이었다. 가정 이외에서는 민족적 자부심(유럽에서는 흔히 계급적인 자부심)도 그에게 자신이 중요한 인물이라는 느낌을 주었다. 그 개인이 하찮은 인물이라 하더라도 자신이 속한 집단이 다른 집단보다 우월하다고 느낄 수만 있다면 그것에 자부심을 느낄 수 있었다.

—에리히 프롬, 『자유로부터의 도피』


이처럼 재산, 명성, 권력의 경쟁에서 패한 자에게는 가정이나 국가, 계급과 같은 '상상의 공동체'가 자아를 보전해 주는 역할을 맡는다. 자아를 상실한 인물에게 자아를 보충하는 역할을 하는 장소로 가정이 쓰인다면 그곳은 괴롭힘이 만연하는 위험한 장소가 된다.

가정의 위험성은 최근 가공할 만한 가정 내 살인 사건이 빈번하게 일어나면서 점점 더 확실해지고 있다. 2006년 『범죄백서』에 따르면 2005년도 살인 사건 중 44.2퍼센트가 '친족'이 가해자였다. '가정 폭력'이 많은 가정에 만연하고 있다는 것도 밝혀졌다. '도덕적 괴롭힘'Moral Harassment이라는, 물리적인 폭력이 아닌 정신적인 괴롭힘에 의한 폭력도 위험성이 높다는 것이 밝혀졌으니, 이 보이지 않는 숨겨진 폭력을 포함시킨다면 현대 일본에서 안전한 가정이 얼마나 있을지 걱정이다.

프롬은 '부권제 사회=악', '모권제 사회=선'이라는 단순한 틀을 선택하고 있는 부분이 있으며, 또한 실제로 1941년 당시에는 남성의 위신이 지금보다 높았으므로 '아내와 아이들을 복종시켜서' 남성만이 가정의 지배자가 되는 것처럼 썼다. 그렇지만 그것은 지금 시점에서도 사실에 반하고 있는 것으로 보인다. 겉으로 보기에는 남성을 중심으로 하고 있는 것처럼 보여도 실제로는 여성이 '여왕'으로 군림하며 남편과 아이에게 학대를 휘두르는 사례는 드물지 않다.

2007년 『경찰백서』에 따르면 2006년도 자살자는 총 32,155명인데 그중 남성이 22,813명이고 여성이 9,342명이다. 남성이 여성보다 2.44배나 더 자살했다. 연령별 자살자의 남성 비율은 20대가 2.08배, 30대 2.57배, 40대 3.48배, 50대 3.49배이다.

이 경향의 원인을 남성에 가해지는 사회적 압박에서 찾는 설명이 많은데 나는 그 설명에 의문을 품고 있다. 가출인의 성비도 남성이 56,889명인데 비해 여성은 32,799명으로 남성이 여성보다 1.7배나 더 많이 가출하고 있다. 젊은층에서는 여성이 많다고 하니 가족이 있는 경우는 남성이 훨씬 더 많이 가출한 것이다. 그리고 노숙자도 남성이 여성보다도 훨씬 많은 것으로 알려져 있다.

부권제 사회에서는 집이 여자의 장소이며 남자는 밖에서 일한다는 구도이다. 그렇다면 실제로 집을 지배하기 쉬운 것은 남성이 아니라 여성이다. 자신의 가정을 배우자에게 지배당하며 '도덕적 괴롭힘'을 받고 있는 남성이 집밖에서 어떤 괴롭힘을 받는다면 괴롭힘의 협공을 받고 있는 것이다. 이것은 너무나 고통스러운 일이다. 그 때문에 절망해서 자살하거나 가출한다면 아주 일리가 있다고 생각한다.


### '자살'이라는 왜곡된 구원

나는 이전에 배우자의 '도덕적 괴롭힘'을 받으며 잿빛 하늘 아래서 12년간이나 살았다. 나는 연구 의존증에 빠짐으로써 거기서 생기는 불안을 잊었고, 나아가 그 의존증의 성과로 학자로서의 자리를 확보하고 직장과 학계에서 나의 입지를 강화했다. 이는 곧 공격적인 상황에서 스스로를 지켜 내서 직장 괴롭힘을 하는 쪽으로 돌아섰다는 의미다. "의미다"라는 말을 쓴 것은, 당연히 내게는 그럴 '생각'이 없었기 때문이다.

  가정에서 괴롭힘을 받는 것만으로도 당시의 나는 항시 자살을 생각하고 있어서 "자살, 자살" 하며 자주 혼잣말로 중얼거렸다. 도저히 참을 수 없게 되면 그 방법이 있다는 생각으로 간신히 참고 있었다. 그래서 베스트셀러에 오른 『완전자살 매뉴얼』을 읽고 매우 공감했었다. 저자인 쓰루미 와타루는 나와 같은 세대로, 블로그에 의하면 도쿄대학 문학부 사회학과를 졸업하고 리탈린 같은 향정신성 약물을 복용하다가 급기야 각성제에도 손을 대어 체포되었다. "언제라도 죽을 수 있다고 생각해야 살 수 있다"고 말하는 이 책의 주장은 "자살, 자살" 하고 중얼거리며 겨우 살 수 있었던 당시의 내 모습과 겹친다.

만약 그때 내가 조금 더 인간다운 인간이었고 일 의존증에 걸렸으면서도 업적을 쌓지 못해 가정뿐 아니라 직장에서도 괴롭힘을 받았다면 이 매뉴얼을 활용해 정말로 자살하지는 않았을까 생각한다.

만약 그랬다면, 나의 부모나 배우자, 동료는 "자살할 것 같은 기색은 전혀 없었고 그 이유도, 짐작되는 것도 없다"고 말하며 한탄했을 것이다. 나의 이전 동료 중에도 자살한 사람이 있었는데 그 사람의 가족과 동료도 분명히 그렇게 말했다.

## "아이를 위해서"

자, 원래 이야기로 되돌아가자. 프롬이 지적하는 것처럼 재산, 명성, 권력을 둘러싼 허영의 투쟁에서 패배한 자에게 가정은 마지막 '안전망'이다. 그곳을 지배하는 것은 남자일 수도 여자일 수도 있다. 남자든 여자든 거기서 주도권을 획득한 자는 배우자와 아이를 복종시켜 상실한 자아의 대체품을 획득한다.

그러면 그 가정에서 학대받는 아이는 도대체 어떻게 하면 좋을까. 아이가 할 수 있는 일이라면 자신보다도 약한 아이를 '왕따'시키는 정도이다. 결국 어른의 세계와 아이의 세계 전체를 봤을 때 괴롭힘의 이익을 따지자면 아이 쪽이 큰 적자가 난다.

이것은 다시 말해 아이들이 자아를 상실한 어른들이 펼치는 의존증 경쟁에서 최후의 감정 쓰레기통이 된다는 의미다. 우리 사회는 아이들에게 어른이 입은 상처를 달래기 위한 노리개가 되는 역할을 떠맡긴다. 아이들은 교육, 훈육이라는 명목으로 어른에게 신체적, 정신적 괴롭힘을 받고 상처 입는다.

이 공격도 의식적으로 이루어지는 것이 아니다. 의식상으로 부모는 '아이를 위한다고 생각해서' 훈육한다. 아이의 슬픔과 기쁨에 일일이 반응하다 보면 아이를 응석받이로 만들고 망가뜨려 어른이 되었을 때 사회에 적응할 수 없게 되는 게 아닌가 하는 생각에 애써 엄하게 다룬다는 '의도'다.

부모는 아이에게 야심을 심어 주고 경쟁에서 이길 수 있는, 사회에 순응하는 사람으로 키우고 싶어서 본래의 자기 자신을 버리게 한다. 그 대신 허울뿐인 '정상'적인 행위를 하는 장치를 마련해서 그것이 '자신'을 구성하도록 만든다. 이렇게 해서 본래의 자신은 '내 안의 타인'이 된다. 이것이 정신분석학자 아르노 그륀이 말하는 '자신에 대한 배신'이다.*

그러나 실제로는 "아이를 위해서"라는 부모의 말은 합리화에 지나지 않는다. 무의식의 작동은 자신이 어릴 때 받지 못한 사랑을 절대 자식에게도 주지 않으려 하고, 대신 자신이 어릴 때 당한 심한 처사를 애정의 표현이라고 칭한다. 독자들은 이미 짐작하겠지만 이것이야말로 내가 아이 때 당한 일이고 그리고 내가 내 두 아이에게 한 일이기도 하다.

내가 배우자에게서 괴롭힘을 받고 있다는 것을 자각하고 거기에서 벗어날 때까지, 나는 내 부모에게 당했던

---

* 아르노 그륀, 『정상이라는 이름의 병』.
아르노 그륀, 『사람은 왜 증오를 품는가?』.

것과 똑같은 일을 아이들에게 하고 있었다. 나는 비겁하게 도, 자식을 괴롭히는 배우자와 공범이 되어 내 고통을 덜고 있었다. 이것이 내 인생의 가장 큰 오점이다.

어른이 아이의 영혼을 이렇게 짓밟고 틀을 강요함으로써 아이들 또한 자아를 상실하고 불안에 시달리게 된다. 그들이 어른이 되면 부모와 마찬가지로 자아를 상실한 인간이 된다. 이렇게 해서 괴롭힘은 연쇄적으로 이어지고 허영을 둘러싼 경쟁이 재생산된다. 아이들에게 신체적, 정신적 폭력을 행사하지 말 것. 이것이야말로 인류가 제대로 된 사회를 구축하기 위해 가장 중요한 것이라고 아르노 그륀과 앨리스 밀러는 주장한다.*

물론 어른이 아이에게 취하는 모든 행위가 학대적인 것은 아니다. 아이는 혼자서는 살 수 없고 어른의 비호가 필수적이다. 하지만 그 비호를 도구 삼아 아이를 지배할 것이 아니라 아이가 가진 생명의 역동성이 그대로 성장할 수 있도록 지켜보고 뒷받침해 주는 것이야말로 어른이 할 일이다. 아이가 곤경에 처하거나 고통받을 때 그것을 극복하는 길을 찾기 위해 필요한 지식과 수단을 제시하고 그 습득을 도와주는 것을 '교육'이라고 한다면, 그것은 정말로 의미 있는 일이다.

---

★ 아르노 그륀, 『정상이라는 이름의 병』.
아르노 그륀, 『사람은 왜 증오를 품는가?』.
앨리스 밀러·신홍민 옮김, 『폭력의 기억, 사랑을 잃어버린 사람들』
(양철북, 2020).

## 민족주의·종교분쟁의 숨겨진 원천

이 장의 마지막에 프롬이 지적한 또 하나의 '안전망'에 관해 간단히 짚고 넘어가고자 한다. 그것은 국가나 계급, 나아가 종교나 민족 등의 집단에 대한 귀속 의식을 통해 자아를 보완하는 방법이다. 그런데 두말할 필요도 없지만 현대 세계에서도 이것이 각종 분쟁의 기본 원인이 되고 있다.

이 문제에 관해서는 무수히 많은 책과 논문이 나와 있고, 그런 매체에서 논의가 얽히고설키며 이뤄지고 있다. 이러한 종류의 귀속 의식이 기반이 되어 일어나는 각종 분쟁에 관해 이 장에서 상세히 논의를 전개하는 것은 불가능하지만 한 가지 지적해 둘 것이 있다. 왜 민족주의와 종교를 둘러싼 사람들의 증오가 이렇게까지 강한가. 그 원인을 민족주의와 종교 그 자체에서 찾아봐도 답이 나오지 않는다는 것이다.

가령 불교에 관해 생각해 보자. 불교도는 "살생하지 않는다"는 교의에 의해 때때로 비폭력적이다. 최근 세계의 종교 분쟁을 보더라도 불교가 큰 분쟁을 일으켜 폭력의 주체가 된 경우는 드물다. 그러나 그러한 케이스가 없는 것은 아니다.

일본 역사상 고대 후기부터 중세 전기에 걸쳐서 교토 주변의 유력 사찰은 다수의 승병이 있어서 최강의 무력 집단을 형성하고 있었다. 중세 말기에는 정토진종淨土眞宗과 일연종日蓮宗 같은 신흥 종교에 소속된 신도들이 강력한 무력 집단을 형성해서 슈고 다이묘(무로마치 시대 무사 신분의 지방 행정관)를 쓰러뜨리고 자율적인 지배를 펼칠 정도였다.

특히 일향종一向宗은 대량의 철포로 무장해 오다 노부나가가 전국 통일을 이루는 데 최대 난적이 되었다. 당시 일본의 무사는 세계에서도 유례를 찾아볼 수 없는 폭력 집단이었는데 그 대부분이 불교도였다. 이러한 불교도의 폭력의 근원을 그 교의를 분석해서 도출하기는 어렵다. 이는 민족주의와 종교는 분쟁을 형식화하는 데 있어 큰 역할을 할 뿐이며 그 분쟁의 에너지 자체는 다른 곳에서 공급될 가능성이 있는 의미다.

프랑스 식민지인 마르티니크섬 출신으로 프랑스에서 정신과 의사가 되어 알제리 독립 전쟁에 참가했던 프란츠 파농은 폭력에 관한 고찰 중 지배를 당하는 자들 간의 격렬한 폭력은 그 원천이 지배자로부터 가해지는 폭력에 있다고 지적했다.

즉 지배자가 피지배자에게 폭력을 행사하면 억압당한 피지배자는 그 폭력을 어쩔 수 없는 것이라 생각하고 그 폭력으로 인한 고통과 분노를 지배자에게 분출하지 않고 억누른다. 그리고 억눌린 고통과 분노는 마그마처럼 터져 피지배자인 동포를 향한다. 그 폭력은 끝없는 보복을 낳고 동포끼리 피투성이가 되는 싸움이 벌어진다.*

이 경우 피지배자 간 폭력의 원인은 지배자의 폭력 때문이다. 그러나 피지배자끼리의 분쟁에만 주목해서 지배자와의 관계를 은폐하면 그 에너지의 원천을 볼 수가 없다. 즉 민족주의와 종교를 둘러싸고 두 집단이 싸우고 있을 때 그 집단의 분쟁에만 주목하면 그 에너지의 원천을 오판할 가능성이 있다.

예를 들면 인도 대륙에서 힌두교도와 이슬람교도 사이의 끝없는 알력은 지금까지 수많은 사람의 목숨을 앗아갔지만 그 원인은 확실히 영국의 분할 통치에 있다. 영국은 식민지 지배를 원활히 하기 위해서 힌두교도에 비해 이슬람교도를 우대하여 양자 간에 증오가 생기도록 유도하였기 때문이다.**

인도와 파키스탄이 독립한 후에는 영국으로부터의 직접적인 폭력은 해소되었지만, 특히 문화적인 영향이 커

---

* 프란츠 파농·남경태 옮김, 『대지의 저주받은 사람들』(그린비, 2010).
** 나가사키 노부코, 『간디』.

서 그것이 피지배자의 열등감을 계속해서 발생시키고 있다. 이것을 식민지 지배의 정신적 상흔을 지속적으로 재생산하며 폭력의 원천으로 볼 가능성은 없는 것일까. 물론 반대로 종교가 보이지 않는 원인을 만들고 그것이 민족주의 등 별도의 분쟁 원인을 만들어 내는 경우도 있을 것이다.

밀러는 프로테스탄트적인 금욕 사상에 입각한 '슈레버 교육'이라는 폭력적인 교육 이론이 19세기 말부터 20세기 초에 독일에서 유행하여 이로 인해 아이들에게 심한 폭력이 가해지면서 생긴 공포와 불안이 1930년대에 나치를 낳은 원인이라고 주장한다. 만약 이 해석이 맞다면 나치를 둘러싼 어른들 간의 사회적 관계만 봐서는 그 에너지의 원천을 이해할 수 없을 것이다. 나치가 대두되기 20~30년 전의 어른과 아이의 관계를 고려해야 한다.*

이미 말했듯이 『논어』가 말하는 '군자'君子와 '인자'仁者의 행동 기준은 경계를 이루는 공동체의 규범이 아니다. 그러한 '법'에 의한 지배는 공자가 거절한 바이다. 군자, 인자는 스스로 '충'忠으로 창발적이고 '예'禮에 맞는 커뮤니케이션을 실현하고, 거기서 생기는 덕의 힘으로 자신의 주위에 질서를 만들어 낸다. 이 전략은 개방적이고 중층적인

---

네트워크로 구성된 '천하'에 덕과 예를 통해 '태평함'을 가져오려는 것이다. 이것은 경계가 있는 공동체를 올바른 규율과 관리로 안정시키는 전략과는 대조적이다.

이 전략으로 질서를 형성하려면 자아를 확립한 군자가 널리 있을 필요가 있다. 그러기 위해서는 아이들의 영혼을 어른이 지켜봐 주고, 아이 한 명 한 명이 가진 감정을 부정하지 않고, 그것을 성장시켜 나가도록 도움을 줄 필요가 있다.

물론 이는 어른이 본래의 자아를 상실하고 타인의 요청에 근거하는 사회적 자아에 떠밀려 허영을 찾아 분주한 상태에서 할 수 있는 일은 아니다. 자신이 느끼는 불안에 근거가 없음을 자각하고 자기기만에서 벗어나려는 노력을 해야 비로소 가능해진다.


## 자기증식하는 경제 시스템의 정체

사람들이 불안에서 벗어나려고 일과 소비 의존증이 생기면 경제의 규모는 점점 커진다. 그것은 에너지와 자원의 낭비로 이어져 급격히 엔트로피(쓸 수 없는 에너지)를 확대시킨다. 이렇게 생긴 엔트로피는 어떤 범위까지는 물과 수증기의 순환에 의해 우주로 방출된다. 그러나 현대의 경제가 방출하는 엔트로피는 막대해서 이 방출 범위를 초과하고 있다.

개방계는 엔트로피를 외부에 버림으로써 내부의 엔트로피를 일정 수준으로 유지하고 질서를 재생산할 수 있다. 이것이 비평형 개방계에서 동적 구조가 유지되는 이유이다. 물리학자인 쓰치다 아츠시에 의하면 환경 문제의 본질은 지구라는 개방계의 처리 능력을 넘어선 과잉의 엔트로피를 인류가 만들어 낸 결과 엔트로피를 우주에 다 버릴 수 없다는 사실이다. 이는 결국 지구의 생태계와 사회를 파멸로 몰아넣어 열죽음*을 초래하는 길이다.**

근대라는 시스템이 만들어 낸 '선택의 자유'라는 속박은 불안을 키우고 자기기만을 전 인류에게 만연시키고 있다. 자기기만으로 자동인형화된 인간은 상호 작용으로 거대한 협동 현상을 만들어 낸다. 이것이 자기 증식하는 시스템의 정체이다.

버블 경제는 이 경제의 특수한 현상이 아니다. 선택의 자유에 기초한 경제 그 자체가 거품이다. 이 시스템이

---

★ 열죽음 또는 열사熱死라고 한다. 우주 종말의 한 가능성으로 꼽히는 것으로, 운동이나 생명을 유지할 수 있는 자유 에너지가 없는 상태를 말한다. 물리학적으로는 우주 전체의 엔트로피가 최대가 된 상태가 바로 열죽음이다. 열죽음에 대한 가설은 1850년대 윌리엄 톰슨의 아이디어에서 비롯되었다.(옮긴이 주)

★★ 쓰치다 아츠시, 『열학외론』.

지구 환경의 제약을 넘어서서까지 폭발적으로 팽창을 계속해서 인류뿐 아니라 모든 생태계를 파괴하려 하고 있다. 거기서 생기는 불안이 자기기만을 더욱 강화한다.

　환경 문제는 이 불안의 폭주를 멈추는 것으로 해결하는 수밖에 없다. 그것은 우리가 자동인형이 되는 것을 멈추고 자아로 되돌아오는 것에서 실현된다. 인간을 자동인형으로 만드는 불안은 세대에서 세대로 재생산되고 있다. 인류가 파멸에서 벗어나려면 이 재생산 과정을 멈춰야 한다. 이는 동시에 위장된 공동체가 만들어 내는 끝없는 폭력도 멈추게 하는 길이다.

　환경 파괴, 실업, 빈곤, 격차, 국가·민족 간의 분쟁, 전체주의, 민주주의의 유명무실화, 직장과 학교에서의 집단 괴롭힘, 가정 폭력, 도덕적 괴롭힘, 아동 학대 등 현대의 문제들은 개별적인 것이 아니다. 이러한 것들은 모두 불안을 달래기 위한 자기기만의 결말인 동시에 그것들이 더욱 불안을 불러일으킨다는 악순환의 요소이다. 나는 이러한 불안의 악순환을 끊는 것이 인류의 생존을 가능하게 하는 유일한 '길'이라고 생각한다.

8장

: 잘 살기 위한 경제학 — 죽음의 경제학에서
삶의 경제학으로


### '자유의 감옥'에 갇힌 경제

이 장에서는 지금까지의 논의를 돌아봄과 동시에, 그것이 경제학에서 가지는 의미를 생각해 본다. 그런 다음 우리가 어떻게 해야 할 것인가와 같은 더 큰 문제에 관해 현재 내가 가진 몇 가지 실마리를 제시하고자 한다.

이 책의 서두에서 현대의 시장 경제학이 상대성 이론의 부정, 열역학 제2법칙의 부정, 인과율의 부정이라는, 적어도 세 가지 물리학의 근본 법칙을 부정한 것을 토대로 성립했음을 밝혔다. 프리드먼의 '도구주의'라는 기만이 이 문제를 은폐하는 역할을 했다. 이처럼 물리 법칙으로 봐서도 정합성이 결여된 이론이 세상에서 신봉의 대상이 된 것은 왜일까? 그것은 이 이론이 자유의 수호신이고, 그것을 포기하는 것은 자유를 포기하는 것이라며 사람들이 두려워하기 때문은 아닐까.

그럼 이 이론이 지키는 '자유'란 무엇인가. 이 이론이 전제로 하는 자유의 실상은 '선택의 자유'이다. 그것은 경제 이론은 물론이거니와 다양한 장면에서 발견되는 기본적인 사고방식으로 서구적 문맥에 흐르고 있다. 인간은 갈림길에 서서 선택할 수 있는 능력을 부여받았으므로 자연의 지배를 받는 동물과 달리 자연을 지배할 수 있다는 것이다. 그리고 선택지가 충분히 주어져 있는 상태가 '자유'이고, 그때 선택한 선택지가 가져올 결과는 그 사람이 책임을 지고 받아들이지 않으면 안 되는 것이다.

그러나 이 이야기는 단지 신화에 지나지 않는다. 그 원형은 아담과 이브가 지혜의 나무 열매를 따 먹는 선택을 했다가 에덴동산에서 쫓겨났다는 실낙원의 신화에서 명료하게 볼 수 있다. 이 신화의 낙원이 '공동체'에 투영되고 거기에서 벗어나 선택의 자유를 얻은 근대적 개인이 그 대가로 유대를 상실해 불안에 빠진다는 반복의 신화가 탄생한다. 그리고 이 선택의 자유를 행사하며 형성되는 것이

'시장'(시조)이다.

현대 자유주의 사상에 큰 영향을 준 정치학자 이사야 벌린이 1958년에 옥스퍼드 대학에서 한「두 개의 자유 개념」이라는 유명한 강연은 "우리의 선조가 어떤 근심도 없이 에덴동산에 머물러 있을 수 있었다면" 자유 등에 관해 논할 필요는 없었을 것이라며 또한 "만약 인간이 이 지상에서 실현할 수 있는 어떤 완전한 상태에서, 인간이 추구하는 어떠한 목적도 서로 모순하거나 충돌하는 일이 없다는 보장이 된다면, 선택의 필요성도 선택의 괴로움도 없어지고 그것과 함께 선택의 자유라는 중요한 의의도 상실되어 버리게 될 것"이라고 말한다.*

이러한 표현은 '에덴동산'과 '선택의 자유'와의 관계를 단적으로 보여 준다. 그러나 선택의 자유는 행사할 수 없는 자유이다. 왜냐하면 세상을 사는 데 가능한 선택지는 언제나 무수히 많으며, 게다가 그 선택이 가져다주는 결과는 '비선형성'으로 종종 예측할 수 없기 때문이다.

이러한 거대한 제비뽑기를 통해 "자신의 운명을 결정하라"라는 말을 듣는 상황은 '자유의 감옥'이라고 할 만하다. 여기서부터 신과 전체성에 대한 맹목적 복종이라고 할 만한 폭주도 일어난다.

---

★ 이사야 벌린·박동천 옮김, 『이사야 벌린의 자유론』(아카넷, 2014).

진정으로 이 감옥에서 벗어나려면 우리는 우리 몸이 지닌 '창발'하는 힘을 믿을 필요가 있다. 이 힘은 생명이 가진, 살기 위한 역동성이기도 하다. 이 역동성을 믿고 그대로 살면서 원하는 방향으로 그것을 펼치고 성장시킬 때 인간은 적극적인 의미에서 '자유'로울 수 있다.

이 역동성을 믿지 않고 의식 속에서의 합리적 계산에만 의지하려고 하면 명시적 차원과 암묵의 차원이 괴리된다. 이 괴리는 외부로부터의 규범과 가치를 강요당하고 자기 자신의 감정을 부정당하고 나아가 그것이 공격이 아니라는 이중의 부정을 받아서 일어난다. 이것이 괴롭힘이다.

자기 자신의 감정이라는, 세상을 살기 위한 나침반이 파괴당하면 사람은 불안해진다. 그리고 또한 생각했던 모습이 아닌 자신에게 혐오감을 느낀다. 이 불안과 자기혐오를 은폐하기 위해 사람은 자기기만에 빠지는데 그것은 한층 더 큰 괴리를 불러일으켜서 불안을 확대한다.

자기기만이라는 은폐 공작은 자신의 가치를 남에게 인정받게 함으로써 잃어버린 자아를 보전하는 행위로 인간을 몰아간다. 이것이 스미스가 말하는 '허영'이다. 허영이란 타인보다도 내가 더 낫다는 것을 스스로 보여 주려는 것이므로 끝이 없다. 이렇게 인간의 욕망은 무한대가 되고 사람들은 늘 '희소 자원'의 쟁탈전에 빠져 이기적으로 군다.

이기심은 창발을 믿지 않는다. 믿는 것은 지금 이미 있는 것의 쟁탈전뿐이다. 따라서 이기적인 인간이 목표로 하는 것은 자신이 현재 가진 것을 운용하여 자신의 이기심을 가장 잘 채우는 방법을 선택하여 실행하는 것이다. 이때 다른 사람은 자신의 도구가 된다.

이 모든 방법을 선택할 수 있다면, 그것을 '선택의 자유'가 주어져 있다고 말한다. 만약 몇 가지 방법이 금지되어 있다면 그것은 '부자유'이다. 즉 이기심에 있어 선택의 자유는 불가결하다. 이기적인 사람에게 선택의 자유가 주어진다면 그 사람은 스스로의 효용이 최적화되는 것을 지향한다. 이것이 현대 경제 이론이 입각하는 기반이다.

그러나 반복하는 말이지만, 이 기반은 처음부터 무너졌다. 왜냐하면 선택이 가능한 수많은 사항 중 예산 제약의 범위 내에서 최적의 선택 사항을 고르기 위해 필요한 계산량이 너무나 방대하고, 또 유효한 시간 내에는 실행이 불가능하기 때문이다. 그리고 그렇게 애써 고른 선택지도 비선형적인 세계에서는 생각했던 결과를 가져오는 일도 없다. 그리하여 선택의 자유는 '자유의 감옥'으로 바뀐다.

## 주체성을 잃어버린 경제인이 갈 곳

현대 경제학의 기묘한 점은 또 있다. 그것은 '선택 이론'을 자칭하면서, 경제 이론에 등장하는 주체에게는 선택의 자유가 없는 것처럼 보이는 점이다. 개개의 주체가 초기에 어떠한 '재화'를 보유하고 있는가는 부여된 것이고, 어떤 선택을 할지 결정하는 효용함수(시장 참가 주체가 획득하는 효용의 총량을 '재화'와 서비스의 함수로 나타낸 것) 또한 주어진 것이기 때문이다.

이 주체가 하는 일은 다음과 같이 참으로 주체성을 잃어버린 수동적인 행위라 할 수 있다.


① 외부에서 주어진 가격표에 따라서

② 외부에서 주어진 자신의 보유재 가격을 계산하여 예산 제약을 확정해서

③ 외부에서 주어진 자신의 효용함수에 따라 예산 제약을 충족하는 가장 바람직한 '재화'의 조합을 선정한다.


이러한 경제인은 그저 자동인형에 지나지 않는데, 경제학자들은 이것을 '자유 선택'이라고 부른다.

이 기묘한 이야기는 프로테스탄티즘의 신학과 일치

한다. 인간이 하는 일은 이미 신에 의해 결정되었고 자유 의지에 따라 선택했다 하더라도 그것은 결국 신에 의해 사전에 결정된 것을 따르는 것에 지나지 않는다는 이야기다. 그리고 개인이 신과 직접 마주하고 그 의지만을 따르는 상태야말로 자유라고 여긴다.

현대의 시장 경제학이 물리 법칙과의 정합성을 전혀 신경 쓰지 않는 이유는 이것으로 확실하다고 나는 생각한다. 이 이론이 무의식중에 신경 쓰고 있는 것은 프로테스탄티즘 신학과의 정합성뿐일 것이다. 이 정도의 구조적 유사성이 우연의 일치라고는 도저히 생각할 수 없다.

이처럼 인간을 폄훼하고 그 자존심과 자립심을 빼앗아 외부의 힘에 짓눌린 존재라고 생각하게끔 만드는 사상은 인간의 자발성을 죽여 자동인형으로 만들어 버린다. 이것은 곧 살아 있는 사람이 자신의 삶을 증오하게 하고 그를 움직이는 시체로 취급하는 사상이다.

이러한 사상은 삶보다 죽음을 지향한다고 할 수 있다. 프롬은 이를 죽음에 매료되어 죽음을 지향하는 것으로 네크로필리아necrophilia라 부른다.* 네크로necro란 '죽음', '시체·사체', '괴사'의 의미이고, 필리아philia는 '~하는 경향', '~의 병적 애호'라는 의미이다. 합쳐져 '네크로필리아'가

---

\* 에리히 프롬, 『악에 대하여』.

되면 보통 정신의학 용어로 '시체애호증', '시간'屍姦을 의미한다. 이상의 논리적 관련성을 간단히 표시하면 다음과 같다.


자기혐오→자기기만→허영→이기심→선택의 자유→최적화


이 사고의 사슬을 나는 '네크로필리아 이코노믹스'(이하 네크로 경제학)라고 부르고 싶다.


**죽음에 매료된 경제학**

'네크로 경제학'의 부모라 할 수 있는 애덤 스미스는 정신적인 문제를 안고 있는 사람이었다. 어머니의 강한 속박 속에서 자라 평생 결혼도 하지 않고 어머니와 단둘이 살았다. 스미스는 갑자기 뭔가 생각에 잠겨 멍해지거나 혹은 혼잣말을 중얼거리며 히죽히죽 웃는 기행을 일삼았다고 전해진다. 특히 어머니가 돌아가신 후에는 그것이 더 두드러졌다고.

『도덕감정론』의 기초는 '공감'이라는 개념인데 그 예

시로 스미스는 기묘한 것을 들었다. 어머니가 병으로 괴로워하는 아이의 고통에 관해 '공감'하며 비애를 느끼는 장면을 기술하며 다음과 같이 말한다.

> 그러나 아이는 현재 이 순간이 불편할 뿐, 그 불편함은 결코 대단한 것일 수도 없다. 아이는 앞으로 어떻게 될지에 대해서는 전혀 걱정하지 않는다. 생각도 없고 앞일을 내다볼 능력도 없기에 그 공포와 근심에 대해서는 일종의 해독제를 가지고 있다. 공포와 근심은 인간의 마음속에 있는 거대한 고문자로, 아이가 한 사람 몫을 해내는 성인으로 성장하면 이성과 철학으로 그 공포와 근심에서 자신을 지키려고 시도할 테지만 그것은 헛된 노력이다.

스미스의 말은, 어린아이에게는 어떠한 공포를 안겨줘도 어차피 기억하지 못하기 때문에 문제가 없다는, 유아 학대를 정당화하는 잘못된 생각이다. 실제로는 어린아이야말로 공포에 민감해서 너무 큰 공포를 경험하면 그것은 전 생애에 걸친 인격의 뒤틀림으로 귀결된다. 인용한 글에 바로 이어서 그 아이가 한 사람 몫을 해내는 성인으로 성장하면 공포와 근심이라는 '거대한 고문자'를 자기 안에

품게 된다고 쓰고, 게다가 이성과 철학의 힘으로 그것을 극복하려다 패배한다고 굳이 몇 번이나 확인하고 있는 것은 주목할 만하다.

분명히 이것은 스미스 자신의 일이다. 즉 이 어린아이도 스미스 자신이고 어머니도 스미스의 어머니인 것이다. 이 인용문의 골자는 "내가 이렇게 괴로운 것은 어머니 탓이 아니다"라는 제 어머니에 대한 변호인 것처럼 보인다. 그리고 스미스가 아무런 필연성이 없는데도 일부러 이런 이야기를 썼다는 것은 어린 시절 자신이 체험했던 공포와 근심이 병 때문이 아니라 어머니에게서 기인한다는 것을 무의식이 그에게 알려 주었기 때문은 아닐까. 그 무의식의 통보에 당황하여 "아니 그렇지 않아. 나쁜 것은 엄마가 아니야" 하고 자신을 타이르기 위해 쓴 것이라는 생각이 든다.*

실제로 그 공포와 근심이 '거대한 고문자'가 되어서

---

* 물론 단지 이것만으로 애덤 스미스의 정신적 고통의 원인이 어머니에게 있다고 단정할 수는 없다. 여기서 말할 수 있는 것은 첫째, 스미스의 문장이 '자녀에 대한 어머니의 공감'에 관해서 논의를 진행하는 데 부자연스럽고 불필요하다는 것이다. 둘째, 이 부분의 주제는 '자녀에 대한 어머니의 공감'이 아니라 스미스 자신의 심리적 번뇌의 원인에 대한 자문자답이라고 생각하면 자연스럽고 필연적이라는 것이다. 스미스는 자신의 기록이 후세에 남지 않도록 좀처럼 편지를 쓰지 않았고 게다가 각종 편지와 문서를 죽음을 각오했을 때 없애서 진짜 원인을 확실히 아는 것은 불가능에 가깝다. 그러나 짐작할 수 있는 한 가지 일화가 있다. 스미스가 세 살 때 집시에게 유괴당한 적이 있다는 일화이다. 그 일화가 사실이라면 그 사건은 소년 스미스와 그의 어머니에게 엄청난 공포와 불안을 주었을 것이다. 이 사건이 스미스 모자의 관계에 막대한 충격을 주었다고 생각하는 것은 일리가 있다.

한 사람 몫을 해내는 사람이 된 스미스를 괴롭히는 것이다. 나아가 스미스는 이 문장의 바로 다음에 이렇게 말한다.

우리는 심지어 죽은 사람, 사자死者에게까지도 공감한다.

이것은 네크로필리아 선언과 다름이 없다. 그리고 이죽은 자에게 하는 공감에 대한 긴 논의는 다음과 같은 문장으로 마무리되고 있다.

그리고 거기서부터 인간 본성에서 가장 중요한 원리 중하나인 죽음에 대한 공포가 발생한다. 그것은 행복에 대해서는 맹독과 같지만 인류의 부정행위를 크게 억제한다. 다시 말해 개인을 고민하게 하고 고통스럽게 만드는것과 동시에 다른 한편으로는 사회를 방어하고 보호해주는 역할을 한다.

스미스는 여기서 죽은 자에 대한 공감과 거기에서 발생하는 공포야말로 사회의 질서를 가져온다고 주장하고있다. 질서를 가져오는 것은 그 안의 '거대한 고문자'와 다름이 없다. 이러한 죽음에 매료당한 정신 위에 네크로 경제학은 세워졌다.*

앞에서 언급한 정치학자인 벌린은 그 유명한 강연에서 스미스에 대해 "인간 본성에 관해 낙관적 견해를 가졌고, 인간의 이해득실이 조화롭게 어울릴 가능성을 믿었던 철학자"라고 말했다.

그런데 스미스처럼 정신적 고통에 시달리고, 공포와 근심에 시달리며, 죽음에 매료됐던 영혼을 이처럼 묘사하는 것은 부적절하다. 사실 스미스는 인간 본성을 믿지 않았고 거대한 고문자의 '보이지 않는 손'의 힘을 믿었을 뿐이다.

이 관점에서 보면 허영과 이기심을 정당화하며 전개되는 시장 경제가 왜 인간성 억압과 환경 파괴로 귀결되는지는 자명하다. 그것은 애당초 죽음에 매료된 경제이기 때문이다. 현대 경제학은 허영을 위해 동분서주하는 이기적

---

\* 애덤 스미스, 『도덕감정론』.
학자의 저작을 이처럼 유아기 체험이나 심리적 경향과 직접 연결 지어 읽는 것에 거부감을 느끼는 독자도 많을 것이다. 그러나 이러한 관점으로 읽는 것은 꽤 유효한 데다 중요하다고 생각한다. 이렇게 생각하게 된 것은 밀러의 『진실을 여는 열쇠』를 읽어서다. 이 책은 니체를 학자로서 논한다. 이것과 동일하게 접근해 학자를 논한 하뉴 다츠로의 『막스 베버의 슬픔』도 있다. 하뉴의 책은 격한 반발이 예상되어 조금 설명하자면 이 책에 있는 베버의 인생을 적당히 수정하면 내 인생이 된다. 베버의 『프로테스탄티즘의 윤리와 자본주의 정신』에 대한 하뉴의 해석이 옳은지 아닌지는 별개로 이 책에 묘사된 베버의 심리는 내 것과 정말 유사하다.

주체를 기반으로 해서, 거기에서 생기는 의존증적 생산 소비 활동을 '정상'의 경제 활동으로 간주해 그 결과인 경제 발전을 바람직한 것으로 긍정하고 있다.

이러한 학문은 그 창시자인 스미스의 생각을 계승하고 있고, 따라서 네크로 경제학이라는 용어에 걸맞다. 아니 이렇게 말하는 것이 사태의 본질을 파악하는 데 도움이 될 것이다. 죽음으로 향하는 경향은 20세기 후반 이후 수학 이론의 진전에 힘입어 더욱 심각해졌다고 할 수 있다.

죽음을 지향하는 파괴성을 지양하기 위해 규제와 규칙을 마련하는 것과 같은 방법에만 의존할 위험도 분명히 있다. 왜냐하면 죽음을 지향하는 그 자체를 방치한 채로 그냥 둔다면 어떤 장애물을 설치하든 '네크로필리아 이코노미'는 그 장애물을 빠져나가는 길을 찾아 파멸로 향할 것이기 때문이다.

### 생명을 긍정하기

이에 비해 '생'生을 애호하는 성향을 바이오필리아biophilia라고 한다. 바이오필리아 이코노믹스는 다음과 같은 논리적 사슬로 이어진다.

자애 → 자기 자신일 것(충서) → 안락·기쁨 → 자율·자립 → 적극적 자유 → 창발

생명에 이끌리는 우리의 감각을 긍정한다면 스스로의 삶의 역동성 또한 긍정된다. 이것이 '자기애'이다. 그것은 자기 자신 안에 '모호한' 사랑을 만들고 흘러넘치게 한다. 자신을 혐오하지 않고 스스로를 사랑하는 자는 계속 자기 자신일 수 있다. 그런 자는 허영에 반응하지 않는다. 허영은 죽음을 암시하는 기분 나쁜 것이기 때문이다.

스스로 자신인 자는 무엇을 할지 스스로 결정한다. 자기 내면의 목소리에 귀를 기울이는 자는 독선적이지 않다. 왜냐하면 내면의 목소리에는 주위 상황에 대한 대처가 이미 포함되어 있기 때문이다. 무엇을 할 것인지 스스로 결정하는 자는 자율적이다.

자율은 자립이기도 하다. 경제학자인 나카무라 히사시가 지적한 것처럼 자립이란 타자에 의존하지 않는 것이 아니다. 자립이란 다수의 타인에게 의존할 수 있는 상태를 말한다.* 언제라도 도움을 요청할 수 있는 사람이 100명

---

\* 나카무라 히사시, 『당사자성의 탐구와 참가형 개발』.
나카무라 히사시는 '자립이란 무엇인가'라는 문제를 초등학생 무렵부터 60년 가까이 생각해 왔다고 한다. 나카무라가 이 물음에 대해서 "자립이란 의존하는 상대방을 늘리는 것이다"는 결론에 도달할 수 있었던 것은 고지마 나오코의 『입에서 똥이 나오도록 수술해 주세요』를 읽고 나서라고 한다. 고지마는 선천성 뇌성소아마비로 팔과 다리의 기능을 거의 잃었다. 그러나 그녀는 많은 사람에 의존하여 자립했고 혼자의 삶을 계속하고 있다. 이 책에는 그 인생의 진실이 그

298

정도 있다면 누구에게도 종속되지 않을 수 있다. 그러한 풍부한 네트워크를 가진 사람이야말로 자립한 사람이다. 자기애가 넘치는 사람이라면 생명을 긍정하는 사람을 매료시켜 풍부한 네트워크를 만들 수 있다.

역으로 종속은 소수의 타자에게만 의존할 수 있는 사람이 이른 결말이다. 그러한 사람은 얼마 되지 않는 유대를 붙들어 매려고 괴롭힘으로 속박하거나 이익을 공여한다거나 하는 온갖 수단을 사용한다. 상대방이 자신보다 강한 것 같으면 아첨하고, 약한 것 같으면 지배하려고 한다. 그러나 이러한 유대는 겉으로만 유대가 있는 것처럼 보일 뿐 정말로 곤란한 때는 버림받는다.

자립한 사람에게는 프롬이 말하는 적극적인 의미에서의 자유가 있다. '자유란 원숙하고 완전히 성장해 생산적인 사람이 가지는 성격 구조의 일부라 말할 수 있는 태도'를 의미하며 "자유인은 애정이 깊으며 생산적인 독립된 사람이다. 이러한 의미에서 자유란 두 가지 가능한 행위 중 특정한 하나를 선택하는 것과는 아무런 관계가 없고 그 사람이 가진 성격 구조와 관계 있다. 이런 의미에서 '악을 선택할 자유를 가지지 않은' 사람은 완전한 자유인이다."**

이러한 자유를 실현한다면 그 사람의 사고, 행위, 커

---

려져 있다. 나카무라는 "고지마의 작품을 읽다가 마침내 '자립은 의존하는 것'이라고 확신을 가질 수 있게 되었다"라고 썼다.
** 에리히 프롬, 『악에 대하여』.

뮤니케이션에는 창발이 가득 넘친다. 암묵적 차원의 작동은 방해받지 않고 유연하고 막힘 없이 살아갈 수 있다. 어떤 사람의 창발은 다른 사람의 창발을 불러일으킬 수 있다. 그 창발이 또 다른 사람의 창발로 파급되며 창발이 연쇄적으로 일어날 때 사람과 사람, 사람과 생태계 사이에 조화가 생겨난다.

물론 이 조화가 반드시 온화하다고는 할 수 없다. 자유로운 사람들의 모임은 다양해서 어려움에 닥치면 서로 격렬히 의견이 부딪힌다. 하지만 이러한 종류의 공격성은 사람이 살아가는 데 중요한 것이고 인생에 직간접적으로 좋은 영향을 미친다. 악을 느낄 때 분노하고 표현하지 못하면 제 주위의 선을 지킬 수 없다. 그러한 치열함을 수반하는 다양성 안의 동적인 조화야말로 공자가 말하는 '화'和이다.

이렇게 전개되는 창발적 커뮤니케이션을 통해 가치가 만들어지고 그것이 사람들에게 분배된다. 이러한 경제를 '바이오필리아 이코노미'(바이오 경제)라 부르기로 하자. '잘 살기 위한 경제학'은 네크로 경제 이론의 논리를 밝히고 그 파괴적 측면을 억제하며 바이오 경제를 활성화시키기 위한 경제학이다.

**인을 욕망하다**

네크로 경제와 바이오 경제의 차이는 '무엇을 하는가'에 있지 않다. 네크로 경제에 이르는 길과 바이오 경제에 이르는 길이 있으니 어느 쪽을 선택할 것인가, 이것이냐 저것이냐 하는 문제가 아니다. 이대로는 멸망의 날이 올 것이니 회개하라는 말도 아니다.

양자의 차이는 '어떻게 할 것인가'의 차이다. 문제는 목적도 수단도 아닌 과정이다. 바이오 경제를 창출하기 위해서 해야 할 일은 용기를 가지고 자아를 회복해 자기혐오에 근거가 없다는 것을 자각하고 '거대한 고문자'를 추방하는 것이다. 자신의 감정에 따라 스스로를 사랑하고 그 사랑을 넘쳐 나게 해 생명의 역동성이 발로하게 하는 것이다. 그렇게 하면 나아가야 할 길이 눈앞에 나타날 것이다.

이렇게 사는 것, 이렇게 있는 것을 '인'仁이라고 한다. 그러면 '인'을 실현하는 것은 현재의 상태에서 보자면 한참 멀기만 한 일일까? 『논어』에 다음과 같은 말이 있다.

> 공자가 말씀하시길 "인이 멀리 있겠는가? 내가 인하고자 하면 곧 인에 이르는 것이다."
> ─공자, 『논어』 제7편, 「술이」 제29장

프롬이 적극적 자유를 밝히려고 한 것처럼 그것은 '태도'의 문제이다. 태도를 취할 것인지 아닌지이다. 그런 태도를 취하려고 했지만 취할 수 없다는 것이 아니다. 인을 실천하는 태도를 취하려고 하면 그것은 이미 '인'이다.

# 나오는 말

내가 경제학에 처음으로 의문을 품게 된 것은 아마도 중학생 무렵이었다. 수업 시간에 '공민'公民을 배우며 수요 곡선과 공급 곡선이 교차하는 점에서 가격이 결정된다는 이야기를 듣고 아연실색하고 말았다. 예를 들어 어떤 결정된 가격에서 귤을 100개 공급했다고 하자. 그런데 그 가격에서는 수요가 70개밖에 없다. 그러면 가격이 내려가서 공급이 90개가 된다. 이러한 설명을 듣는 순간 '저기 잠깐만, 좀 전에는 100개의 귤이 있었는데 그게 어떻게 90개가 된 거야?' 하는 생각에 당황했다.

나중에 선생님께 질문해서 이해하려고 했지만 이야

기의 앞뒤가 맞지 않아 종잡을 수 없었고 전혀 이해되지 않았다. 지금 생각해 보면 '가격 결정'이라는 과정이 '모색의 시간' 이야기이고 '현실의 시간' 이야기가 아니라는 것을 선생님도 알지 못했던 것이다.

대학에 들어가서 '모색'이라는 개념을 배우고 "아, 그런 거였구나" 하고 일단은 납득했다. 그런데 '자, 그러면 모색의 시간이란 도대체 무엇인가' 하는 의문이 떠올랐다. 이 '희한한 시간'과 '현실의 시간'은 어떤 관계를 맺고 있는가? 그리고 이 질문은 누구에게 물어도 어느 책을 읽어도 납득이 가는 설명을 찾을 수 없어서 전혀 이해할 수 없었다.

지금 생각해 보면 내가 이런 경험을 한 것은 아카데미즘의 상투적 수단 중 하나에 직면했다는 것을 의미한다. 뭔가 이론으로 설명이 잘 안 되는 부분을 '전제'에 넣어 두고 그 전제가 얼마큼 이상한지에 관해서는 같은 업계 내부에서는 생각하지 않기로 합의하는 것이다. 이렇게 해서 하나의 분야에 최소한 하나의 '맹점'이 생기게 된다.

나는 '학문 분야'라는 것은 이 맹점에 의해서 정의되고, 그 맹점을 공유함으로써 성립한다고 생각하고 있다. 이런 관점에서는 학제 연구가 왜 성공하지 못하는지 곧바로 이해할 수 있다. 예를 들어 경제학자와 생태학자가 서로의 분야를 존중하면서 공동 연구를 하려고 한다면 어떤 일이 일어날까? 쌍방의 지식이 잘 버무려져 새로운 시야가 열리는가 싶지만 현실은 전혀 그렇지 않다. 반대로 양자의 맹점이 함께 활개를 치게 되므로 단독으로 연구를 할 때보다 더 세계가 잘 안 보이게 된다.

그래서 나는 나의 맹점을 없애기 위해 다양한 학문 분야를 전전하는 편력을 시작했다. 아니, 내가 그러한 목적을 갖고 있음을 자각한 것은 최근의 일이다. 내가 그러한 여행에 나선 것은 암묵적 차원에 이끌려서였다. 경제학을 필두로 역사학, 물리학, 컴퓨터과학, 수리생태학, 인류학, 사회학, 경영학, 환경학, 심리학, 동양사상 등의 분야를 전전하면서 각각의 분야의 맹점이 어디에 있나를 생각해왔다.

이 책은 그 편력의 여행 중에 내가 본 아카데미즘 전체, 혹은 근대 자체가 가진 최대의 맹점에 관한 고찰의 보고서이며 그 지평에서 바라본 경제학에 대한 근본적인 비판서이기도 하다. 단적으로 말해 그 최대의 맹점은 '자신의 감각을 믿어서는 안 된다'는 으름장이다. '학문'이라는 것은 겉으로는 '회의' 혹은 '비판'이라는 지평 위에서 성립하는 것이라 뭔가를 믿는다는 것은 해서는 안 되는 일로 취급받기 때문이다.

그런데 실제로는 아무것도 믿지 않고 사색한다는 것은 불가능하다. 따라서 무의식으로는 뭔가를 믿고 의식으로는 모든 것을 의심하는 척하게 된다. 이것은 무의식과 의식을 괴리시키는 '자기기만'이라는 위험한 상태다.

이렇게 본다면 학문 전체, 혹은 그 위에 구축되어 있는 근대의 사상 전체가 이 거대한 '자기기만'을 근거로 하고 있음을 알 수 있다. 이 '회의'라는 기만을 토대로 '선택'이라는 개념이 구축된다. 여러 가능한 '선택지'를 의심해보고 가장 의심하기 힘든 것을 선택하는 것이 인간이 동물과는 다른, 혹은 근대인이 전근대인과는 다른, 훌륭한 점이라고 생각하는 것이다. 이렇게 해서 경제학은 '선택의 자유'를 기초로 구축되었다.

내 생각에는 '회의'와 '선택'이라는 것은 현재 사회의 위기를 불러온 본질적인 맹점이다. 이 맹점을 떠안은 채로는 어떠한 사고를 전개해도, 어떠한 대책을 세워도, 죽음에 홀려서 파멸로 향하는 인류 사회의 충동을 멈출 수 없다. 우리는 생명을 긍정하고 자신의 감각을 믿고 자신을 사랑하고 그 사랑을 흘러넘치게 해서 거기서부터 갈림길이 없는 길로 나아갈 필요가 있다. 이러한 인仁의 길을 찾아내지 않으면 안 된다. 학문이라는 것은 생명을 긍정하는 길을 걸어가는 사람에게 도움을 줄 수 있는 지혜의 체계가 되어야 한다. 이 책의 집필을 마친 지금 그런 생각이 든다.

이 책이 독자로 상정하고 있는 사람은 첫 번째로는 지금부터 경제학을 배우려고 하는 사람이다. 그분들께 대학에서 가르치고 있는 '미시 경제학'도 '거시 경제학'도 모두 '죽음에 홀리는 경제학'이라는 것을 경고해 두고 싶어서다.

학문에 대한 이러한 자각이 없는 채로 몸과 마음을 담그다 보면 자신도 세계도 파괴시키는 충동을 내면화하게 된다. 현대 사회가 직면한 환경 파괴를 비롯한 위기의 문제들은 이 죽음을 향한 충동이 일으킨 것이라고 나는 생각한다. 앞으로 경제학을 공부하는 젊은 사람들은 이런 충동과 인연을 맺지 말고 스스로의 생명을 긍정하고 인류를 위기로부터 구해 내고 더불어 생을 지향하는 경제학인 '바이오 경제학'을 개척하길 바란다.

두 번째로 상정한 독자는 경제학도 모르고 흥미도 없지만 경제 활동에 참가하고 있고, 때로는 그 일 때문에 '살기 어려움'을 토로하는 샐러리맨, 관료, 사업가, 주부, 비영리 단체 참가자 같은 사람들이다. 이러한 사람들은 TV와 신문, 잡지, 책에서 '선택의 자유'라든지 '글로벌화'라든지 '무경계화' 같은 개념이 떠다니는 것을 늘 접하고 있을 것이다. 그러한 것들이 자신의 삶과 활동에 어떤 영향을 주는지 가늠할 수 없는 불안을 안고 있을 것이다. 이 책은 그러한 사람들이 그 불안에 근거가 없음을 이해하고, 나아가 자기 자신의 감각을 믿고 살아가는 것의 중요성을 확인하는 데 도움이 되는 것을 목표로 한다.

세 번째로 상정한 것은 경제학 전문가이다.

이러한 사람들은 지금까지 경제학을 배우고 연구하는 과정에서 자신의 사색의 기반이 '뭔가 좀 이상하다'고 느꼈던 기억이 있을 것이다. 그럼에도 많은 사람이 그것을 축으로 해서 다양한 학문적 지식을 쌓아 왔을 테다. 그러나 내게는 그것이 가능하지 않았다. 나는 그 '좀 이상하다'는 느낌에 관해 끊임없이 생각해 왔다. 그러므로 경제학을 전공으로 하는 사람들이 이전에 느꼈던 그 '이상한 느낌'을 이 책을 읽고 상기해 주었으면 하는 바람이다. 그리고 가능하다면 그 이상한 느낌을 극복하기 위한 여정을 함께하는 친구가 되어 주었으면 한다.

옮긴이의 말
: 보이지 않는 것에 대한 사고의 퍼덕거림

이 책의 저자인 야스토미 아유미 교수는 현대의 경제학이라는 학문의 실태를 신랄하게 비판한다. 그런데 저자가 정조준해 비판하고 있는 것은, 예컨대 현대 경제학에서 경제와 시장 그리고 수요와 공급의 관계를 논하는 것이 표층적인 수준에 머물러 있다는 식의 흔한 지적이 아니다. 흔히 접할 수 있는 그런 뻔한 수준의 비판을 다룬 책이었다면 아마 나는 이 책의 번역에 관심을 갖지 않았을 것이다. 물론 출판사도 마찬가지지 않았을까 짐작한다. 야스토미 교수가 우리에게 들려주는 이야기는 훨씬 깊고 복잡하고 심각하다.

"(경제학 이론이) 비현실적이라는 것은, '현실 경제를 왜 곡하고 있다'는 정도로 간단히 이해되는 문제가 아니라 는 뜻이다. 많은 가설이 물리학의 여러 원리를 거스르고 있다는 의미에서 비현실적이다." (본문 중에서)

야스토미 교수는 이 경제학이라는 학문이 현실을 철 저히 왜곡해 우리 장삼이사에게 보여 주어야 할 것을 은폐 하고, 지나치지 않도록 해야 할 것을 무시하게 만드는 것 은 물론이고 '생명'이라는 너무나 자명한 현상에도 철저히 외면하도록 만든다고 고발한다. 즉 '앎'과 '삶'이 철저히 괴 리되는 일에 경제학이 아주 큰 몫(?)을 담당한다고 갈파하 는데, 더욱 심각한 것은 이러한 '앎과 삶의 철저한 괴리'를 경제학자는 물론, 우리 같은 평범한 사람까지 '일반적'이 거나 '당연지사'라 믿는다고 경종을 울린다.

그런데 이런 현상은 경제학이라는 학문에 한정된 것 이 아니다. 대학을 중심으로 하는 현대의 아카데미즘이 독 점하고 있는 '지'知라는 것의 일반적인 모습일 것이다. 이 책을 번역한 덕분에, 몇 번이나 통독했었지만 많은 시간이 흘러 잊고 있었던 『바나나와 일본인』バナナと日本人이라는 책 이 내 기억에서 소환되었다. 이 책은 지금은 일본뿐만 아

니라 한국에서도 흔한 먹을거리인 바나나를 주제로 삼는다. 책에서는 필리핀산 바나나가 일본 소비자의 입에 도착하기까지의 경로를 탐색하면서 미국을 본거지로 하는 다국적 기업의 폭리와 필리핀 민다나오섬 농장의 무시무시한 노동 착취, 필리핀의 전후 사회, 일본에 의한 식민의 역사를 비롯한 동아시아를 둘러싼 현대사 등이 펼쳐진다. 특히 그중에서도 정치, 경제, 문화가 얽히고설킨 역학적 구조를 입체적으로 부각한, 이른바 현장에서 길어올린 풍부한 앎은 눈을 번쩍 뜨게 한다.

그렇게 아주 친근한 대상에서 시작해 글로벌한 현대사의 핵심까지 짚으며 이야기를 펼쳐 나가는 저자의 폭넓은 시선과 상상력을 최대로 가동시키는 힘에 나는 압도당한 경험을 갖고 있다.

'지적인 상상력'이라는 것은 이런 것이다. '보이는 현실'로 나타나게 하는 보이지 않는 구조를 향해서 성실하게 잠항해 나가는 것, 그리고 그런 작업을 통해서 자신이 평소에 무심코 하는 일, 아니 거기까지 갈 것도 없이 이 '나'라고 하는 존재 안에 있는 동시대의 '역사'를 느끼는 것이다. 역사라고 해서 단순히 역사상 일어난 일을 잘 알고 있어야 한다는 의미가 아니라 스스로의 존재에 방향을 설정하고 동시에 제약을 가해 온, 동시대 사회의 역사적 경위에 관심의 끈을 놓지 말아야 한다는 것이다.

'상상력'이라고 하면 사람들은 '논리적인 사고력'과 대비해 생각하는 경향이 많다. 그런데 양쪽 모두 지금 여기에 없는 것, 즉 '부재'하는 것에 항상 관심을 둔다는 측면에서는 동일하다. 눈앞에 있는 것을 계기로 해서 눈앞에 나타나지 않은 사태와 과정을 상상하는 것 혹은 그것을 논리적으로 따져 묻는 것. 부재하는 것에 대한 그런 상상력은 공상 즉, 판타지와는 다르다. 상상력이라는 것은 현실을 짜내고 있는 보이지 않는 구조와 매개, 그러한 것들에 애써 닿으려고 하는 시선을 의미한다. 과학도, 종교도, 정치와 예술도, 논리도, 그런 의미에서는 상상력이 생명줄과 같다.

지금 눈앞에서 일어나고 있는 일이 어떤 보이지 않는 규칙과 구조에 의해서 그런 식으로 일어나고 있는지를 탐구하는 과학의 사고, 한 세계의 외부에 시점을 두고서 그 세계를 통째로 다시 포착하려고 하는 종교의 사고, 우연한 사건이나 타인의 생각 등 다양한 불확정 요소가 겹치는 과정에서 어떤 식으로 일이 진행될지 파악도 못한 채 그 자리에서 결정을 내려야만 하는 정치의 사고, 애매한 것을 섣불리 결론 내지 않고 그 애매한 채로 정치하게 표현하려는 예술의 사고, 자신의 행동을 '해야 할 것'이라는 원칙의 시점에서 제시하는 윤리의 사고…… 이 모든 것이 상상력의 작동을 핵심으로 한다.

아니, 사실 좀 더 가까이에서도 상상력은 움직이고 있다. 식사 때 옆자리의 사람에게 "맛있어?"라고 물으며 그의 입맛을 생각해 보는 것, 그 요리를 맛있게 먹고 포만감에 흡족할 때 그 식재료가 어디서 오고 누가 어떻게 만들었나 생각해 보는 것…… 이런 것도 상상력이 제대로 작동하는 좋은 예다.

그런데 저자가 우려하고 있듯이 부재하는 것에 대한 그런 '사고의 퍼덕거림'이 점점 빈약해지고 짧아지고 있다. 아니 마비 상태에 있다고 해도 과언이 아닐 것이다. 그것이 지금 우리 '사고의 광경'이다. 그리고 그것이 곧 우리 '앎의 광경'과도 겹쳐 보인다.

천박, 우둔, 이 나라의 정치와 보도 행태 그리고 사람들의 의식에 관해서 아마도 많은 사람이 이미 속으로 자각하고 있는 '유아성'은 거의 여기서 유래하고 있는 것은 아닐까. 정보통신, 생명, 환경과학, 테크놀로지처럼 국가가 현재 예산과 인재를 중점적으로 쏟아붓고 있는 첨단 연구 분야에서도 그것이 시민 생활에 주는 큰 영향에도 불구하고 그에 대한 연구자의 상상력이 극도로 빈약해 '유아성'

이 나타나는 것일 테다.

야스토미 교수가 지적하고 있듯이 오늘날 가장 교양이 있을 법한 사람들이 믿을 수 없을 정도로 역사에 무지한 것이나 자신의 한정된 연구 영역 외의 분야에 대해서는 모르는 것을 미덕으로 공언하는 것에 거리낌이 없는 것, 한술 더 떠서 자신의 변변치 못함을 부끄러워하지 않고 자신보다 높은 차원으로부터의 시사와 조언에 귀 기울이는 것조차 거부하는 것 등등이 지금 우리의 '앎의 광경'이다. 그런데 '앎의 광경'이라는 말로 내가 말하고 싶은 것(더불어 야스토미 교수가 행간에서 말하고자 하는 것)은 이런 것이 아니다. 이런 것 이상으로 시민 한 사람 한 사람의 '앎의 양상'을 문제 삼고 싶은 것이다.

'앎'의 상상력이 꿈틀거리지 않는 이유 중 하나는, 현대에서는 그 매개의 구조가 너무나도 거대하고 복잡하다는 것이다. TV에서 연일 보도되는 '코로나 백신' 하나만 두고 보더라도 착종에 착종을 거듭해서 우리의 지적인 상상력은 곧바로 위축되고 만다. 알고 싶은 것, 알지 않으면 안되는 것이 보다 깊게 얽히고설켜 있는데도 우리의 '지'는 그 확실한 회로를 찾아내지 못하고 있기 때문이다.

2022년 대학 입시부터 실시되는 '문·이과 통합' 시험도 복잡하게 분기한 지식을 하나의 입체적인 '앎'으로 통합하는 연습을 시키겠다는 취지일 것이다. 다른 한편에서는 '학력 저하'를 우려하는 목소리도 높은데 '앎'이라는 것이 우리가 살아가는 데 있어 어떠한 힘이 되는지, 그것을 실감할 기회가 없다는 것이 보다 큰 문제가 아닐까?

알고 싶다, 알지 않으면 안 된다는 충동에 휩싸이지 않는다면 '앎'의 버팀목이라고 할 상상력을 펼칠 수 없기 때문이다. '앎'은 무엇보다도 시민의 기초 체력 중 하나이다. 그런 관점에서 본다면 자신의 현재를 층층 켜켜이 나타내는 '역사'에 닿는 회로를 제대로 설정하는 것이 대학 교수들에게 학술 연구 장려금을 분배하는 것보다 훨씬 중대한 문제일 것이다.

『독학의 시대』独学の時代라는 책이 있다. 저자는 대학 시절 이론생물학 교수와의 논쟁을 통해 직업 과학자에 절망한 나머지 끝내 대학원 진학을 마다하고 과학 연구와는 아예 거리가 먼 증권맨의 길을 선택한다. 그러고는 근무 시간 이외에 혼자 힘으로 생물학 연구를 계속했다고 한다. 이 책에서 저자 요네모토 쇼헤米本昌平는 다음과 같이 선언했다.

"국립 대학, 국립의 연구 기관은 그 도서관, 자료실을 일반인에게 공개하라. 비 직업과학자로서 독립 연구자의 길을 걷는 사람, 즉 기본적 인권으로서의 진리 탐구권을 직업과학자에게 위탁하지 않고 스스로 이것을 행사하려는 의지를 밝힌 사람에 대해서 '자주 연구비 공제'라는 감세 조치를 인정하라. 이것이 인정받을 때까지 국가 연구비 상당분의 소득세 미납부 운동을 전개하겠다."

자신에 관해 묻는다는 것은 자신이 이러하다는(혹은 이럴 수밖에 없다는), 그 조건에 물음을 던지는 것이다. 그리고 그 조건은 보려고 하는 강한 정열과 고된 수련 안에서만 보인다. 시민에게는 그 정열의 회로를 스스로 선택할 권리가 있다. 첨단 과학의 양상부터 도서관에서의 자료 검색까지 '앎'의 제도 전체에 이러쿵저러쿵 입을 댈 권리가 시민 한 사람, 한 사람에게 모두 있는 것이다.

'지'知를 가장해 보다 깊은 '무지'無知로 유혹하는 것에 끊임없이 전율하며……

2022년 4월
박동섭

316

## 본문에 나온 도서의 목록

도서 목록은 본문에 나온 순서에 따랐으며, 저자의 책이 아닌 경우에는 앞에 저자(혹은 편자) 이름을 밝혔습니다.

마미야 요스케間宮陽介, 『시장사회의 사상사』市場社会の思想史(中央公論新社, 1999)

테오도르 베스트Theodore Bestor, 『쓰키지』築地(木楽舎, 2007)

야스토미 아유미安冨歩, 『화폐의 복잡성』貨幣の複雑性 — 生成と崩壊の理論(創文社, 2000)

할 배리언Hal R. Varian, 『입문 미시경제학』Intermediate Microeconomics(勁草書房, 2015)

시오자와 요시노리塩沢由典, 『시장의 질서학』市場の秩序学(筑摩書房, 1998)

에드몽 말랭보Edmond Malinvaud, 『미시경제이론강의』MacRoeconomic Theory(1972)

밀턴 프리드먼Milton Friedman, 『실증적 경제학의 방법과 전개』Essays In
    Positive Economics(1953)

존 힉스John Hicks, 『가치와 자본』Value and Capital(1939)

모리시마 미치오森嶋通夫, 『자본과 신용』資本と信用(岩波書店, 2004)

노먼 베리Norman Barry, 『자유의 정당성』自由の正当性(木鐸社, 1990)

메리 보크오버Mary Bockover, 『규칙, 의식, 책임: 허버트 핑가레트에게
    바치는 글』Rules, Rituals and Responsibility: Essays dedicated to Herbert
    Fingarette(Open Court, 1999)

허버트 핑가레트Herbert Fingarette, 『자아변혁』Self in Transformation(1963)

허버트 핑가레트Herbert Fingarette, 『공자』Confucius(1972)

허버트 핑가레트Herbert Fingarette, 『자기기만』自己欺瞞(1969)

아미노 요시히코網野善彦, 『무연·공계·악』無縁·公界·樂(平凡社,1996)

야스토미 아유미安冨歩, 『무연·화폐·속박』無縁·貨幣·呪縛(岩波書店,2007)

다나카 하루오田中治男, 『자유론의 역사적 구도』自由論の歴史的構図(東京大学出版会,
    1995)

키베 다카시木部尚志, 『자유』自由(早稲田大学出版部, 2000)

마이클 폴라니Michael Polanyi, 『자유의 논리』The Logic of Liberty(Liberty Fund,
    1998)

게르하르트 냅Gerhard Knapp, 『평전, 에리히 프롬』評伝 エーリッヒ·フロム(新評論,
    1994)

노나카 이쿠지로野中郁次郎, 다케나카 히로다카竹内弘高, 우메모토
    카즈히로梅本勝博, 『지식창조기업』知識創造企業(東洋経済新報社, 2020)

앤드루 호지스Andrew Hodges, 『튜링』Turing(Weidenfeld & Nicolson, 2011)

호시노 쓰토무星野力, 『되살아나는 튜링』甦るチューリン(NTT出版, 2002)

구라모토 요시키藏本由紀, 『비선형과학』非線形科学(集英社, 2007)

야스토미 아유미安冨歩, 『복잡함을 살다』複雑さを生きる(岩波書店, 2006)

오노 요시츠구大野克嗣, 『자연사 통합1』自然史統合

마이클 폴라니Michael Polanyi, 『창조적 상상력』創造的想像力(ハーベスト社, 2007)

안토니오 다마지오Antonio Damagio, 『생존하는 뇌: 마음과 뇌와 신체의 신비』生存する脳心と脳と身体の神秘(講談社, 2000)

야스토미 아유미安冨歩, 혼조 세이치로本條 晴一郎, 『해러스먼트는 연결된다』ハラスメントは連鎖する(光文社, 2007)

테즈카 가즈시手塚一志, 『마음에 불을 붙이는 키즈 코칭 투수편』心に火をつけるkidsコーチング投手編(ベースボールマガジン社, 2006)

가요 후미오加用文男, 『빛나는 진흙 경단』光る泥だんご(ひとなる書房, 2001)

마리-프랑스 이리고앵Marie-France Hirigoyen, 『모럴 해러스먼트』モラル・ハラスメント(紀伊國屋書店, 1999)

마리-프랑스 이리고앵Marie-France Hirigoyen, 『모럴 해러스먼트가 사람도 사회도 망친다』モラル・ハラスメントが人も会仕もダメにする(紀伊國屋書店, 2003)

야스토미 아유미安冨歩, 『괴롭힘은 이어진다』ハラスメントは連鎖する(光文社, 2007)

제라드 데랑티Gerard Delanty, 『커뮤니티: 글로벌화와 사회이론의

변용』community(Routledge, 2018)

시라카와 시즈카白川靜, 『자통』字統(平凡社, 2007)

데구치 다케시出口剛司, 『에리히 프롬』(新曜社, 2002)

야스토미 아유미安冨歩, 『중국의 이중통화제도』中国の二重通貨制度(京都大学, 1997)

아르노 그륀Arno Gruen, 『정상이라는 이름의 병』正常さ」という病い(靑土社, 2001)

아르노 그륀Arno Gruen, 『사람은 왜 증오를

품는가?』人はなぜ憎しみを抱くのか(集英社, 2005)

나가사키 노부코長崎暢子, 『간디』ガンジー(岩波書店, 1996)

쓰치다 아츠시槌田敦, 『열학외론』熱學外論(朝倉書店, 1992)

앨리스 밀러Alice Miller, 『진실을 여는 열쇠』真実をとく鍵(新曜社, 2004)

하뉴 다츠로羽入辰郎, 『막스 베버의 슬픔』マックス·ヴェーバーの哀しみ(PHP研究所,

2007)

나카무라 히사시中村尙, 『당사자성의 탐구와 참가형

개발』当時者性の探求と参加型開発(日本評論社, 2002)

고지마 나오코小島直子, 『입에서 똥이 나오도록 수술해

주세요』口からうんち出るように手してください(コモンズ, 2000)

**단단한 경제학 공부**
**: '선택의 자유'에서 벗어나기 위하여**

2022년 4월 14일    초판 1쇄 발행

**지은이**          **옮긴이**
야스토미 아유미    박동섭

---

**펴낸이**          **펴낸곳**          **등록**
조성웅            도서출판 유유        제406-2010-000032호(2010년 4월 2일)

                 **주소**
                 서울시 마포구 동교로15길 30, 3층 (우편번호 04003)

**전화**            **팩스**            **홈페이지**          **전자우편**
02-3144-6869      0303-3444-4645     uupress.co.kr       uupress@gmail.com

                 **페이스북**          **트위터**            **인스타그램**
                 facebook.com       twitter.com         instagram.com
                 /uupress           /uu_press           /uupress

**편집**            **디자인**          **조판**            **마케팅**
인수, 김은경        이기준            정은정              황효선

**제작**            **인쇄**            **제책**            **물류**
제이오            (주)민언프린텍       다온바인텍          책과일터

ISBN  979-11-6770-025-4  03320